UNSERE **BESTEN** REZEPTE

FLEISCH

W0197782

Stiftung Warentest

1

GEFLÜGEL

2

RIND

3

SCHWEIN

5

4

LAMM

WILD

Fleisch bewusst genießen

⏱ 20 Min. + 40 Min.
▭ 355 kcal pro Portion

Schnell im Blick: *Zubereitungs-zeit und Kalorienzahl helfen bei der Auswahl des richtigen Rezepts. Die Zubereitungszeit ist aufgeteilt in die Zeit, in der Sie beschäftigt sind, plus die Zeit, die manche Gerichte für sich selbst benötigen – zum Gehen, Backen, Braten, Gefrieren, Kühlen, Ko-chen, Marinieren usw. –, die für Sie aber Freizeit ist.*

Mengenangaben	Nährwertangaben
TL: Teelöffel	**E:** Eiweiß
EL: Esslöffel	**Kh:** Kohlenhydrate
Bd.: Bund	**F:** Fett
Pckg.: Packung	**kcal:** Kilokalorien
Msp.: Messerspitze	

Der würzige Duft eines gebratenen Steaks lässt einem das Wasser im Mund zusammenlaufen. Fleisch bedeutet nicht nur Genuss, sondern auch Esskultur. In vielen Familien gehört der Sonntagsbraten nach wie vor zur festen Tradition. Allerdings haben zahlreiche Lebens-mittelskandale vielen gehörig den Appetit verdorben. Kein Wunder, dass sich immer mehr Menschen dazu entscheiden, sich zumindest zeitweise vegetarisch zu ernähren. Für wen das nicht infrage kommt, der genießt hochwertiges Fleisch als etwas Besonderes. Fleisch ent-hält wertvolles Eiweiß, Vitamin A, B_1 und B_{12}, viel Zink und Eisen – leider aber auch gesättigte Fettsäuren, Cholesterin und Purine. Die Deutsche Gesellschaft für Ernährung empfiehlt 300 bis 600 g Fleisch pro Woche – die Hälfte des durchschnittlichen Pro-Kopf-Verbrauchs.

Kaufen Sie beim Metzger Ihres Vertrauens oder achten Sie beim Ein-kauf auf Tierschutz- oder gar Biosiegel. Damit gehen Sie sicher, dass das Tier artgerecht gehalten wurde. In unseren Tests schnitten kon-ventionell produziertes und Biofleisch geschmacklich gleich ab. Allerdings legten Bioproduzenten viel mehr Wert auf Tier- und Um-weltschutz sowie die Arbeitsbedingungen in den Höfen. Gesünder ist Biofleisch oft auch: In Untersuchungen wurde festgestellt, dass das Fleisch von Rindern, die im Sommer auf der Weide grasen konnten, doppelt so viele gesunde Omega-3-Fettsäuren enthielt, wie das Fleisch von Artgenossen, die ausschließlich im Stall standen – wie es bei der Massentierhaltung leider der Fall ist. Auch setzen Biobauern deutlich weniger Antibiotika ein, was die Gefahr resistenter Keime eingrenzt.

In der Küche wird grob zwischen hellem Fleisch – das sind alle Ge-flügelsorten – und rotem Fleisch unterschieden – dazu zählen etwa Schweine- und Rindfleisch, Schafs-, Ziegen- und Lammfleisch sowie Wildbret, Kaninchen- und Pferdefleisch. Durch die Unterteilung lässt sich auch der passende Wein bestimmen: Helles Fleisch hat einen eher zarten Geschmack, weshalb sich Weißwein anbietet. Ein schwe-rer Wein würde den Eigengeschmack des Fleisches überdecken. Das markante Aroma von rotem Fleisch benötigt mit Rotwein einen kräf-tigen Mitspieler – zarte Noten könnten hier gar nicht zur Geltung kommen.

Einkauftipps für gutes Fleisch:

Geflügel: Neben spezialisierten Geflügelhändlern bieten sich auch türkische Lebensmittelgeschäfte für den Einkauf an. Auch Tiefkühlkost und Supermarktware aus der Frischetheke ist teilweise eine gute und hygienische Wahl. Biohähnchenfilet ist bis zu fünfmal teurer als konventionelles, stammt dafür aber nicht aus industrieller Massentierhaltung.

Geflügel (Huhn)

Rind: Achten Sie beim Kauf auf die Farbe, denn die sollte möglichst pink bis kirschrot sein, das Fett dagegen strahlend weiß. Das Fleisch sollte feucht sein, auf keinen Fall nass oder gar klebrig. Ist das Fleisch innen von vielen kleinen Fettadern durchzogen, greifen Sie zu. Dieses intramuskuläre Fett, auch Marmorierung genannt, schmilzt beim Garen und sorgt für zartes, saftiges und geschmackvolles Fleisch. Bei abgepacktem Fleisch sollten Sie darauf achten, dass das Fleisch beim Drücken etwas nachgibt, dann aber gleich wieder zurückfedert.

Rind (Rib Eye)

Schwein: Die Schweinefleischqualität hängt insbesondere von der Art und Weise ab, wie das Schwein geschlachtet wurde. Schweine sind stressanfällig, und dies wirkt sich direkt auf die Qualität des Fleisches aus. Da Fett Geschmacksträger ist, sollte Schweinefleisch ähnlich wie beim Rind gleichmäßig marmoriert sein. Die industrielle Fleischproduktion versucht, immer mehr Fleischgewicht in immer kürzerer Zeit zu erzeugen. Darunter leiden nicht nur die Tiere, sondern auch die Qualität ihres Fleisches. Die Alternative zu diesen Produktionsmethoden ist Fleisch aus artgerechter Haltung.

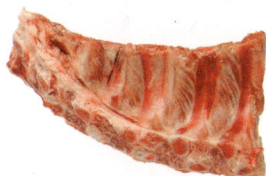

Schwein (Spare Ribs)

Lamm: In Deutschland wird Lammfleisch verhältnismäßig wenig nachgefragt. Lammfleisch wird häufig als Tiefkühlware aus Neuseeland oder Südamerika angeboten, manchmal auch aus Irland. Während es in Metzgereien nur selten erhältlich ist, findet man frisches Lammfleisch häufiger in türkischen oder arabischen Lebensmittelgeschäften.

Wild: Wildbret ist von Natur aus bio. Die Jagdzeiten unterliegen strengen, regional unterschiedlichen Vorgaben. Sie kaufen Hirsch, Reh, Wildschwein, Kaninchen & Co. beim Metzger oder direkt beim Jäger. Über das Internet können Sie die Quellen in Ihrer Region ausfindig machen. Tiefgekühlt erhalten Sie Wild das ganze Jahr. Allerdings stammt das Fleisch aus Gatterhaltung in Übersee.

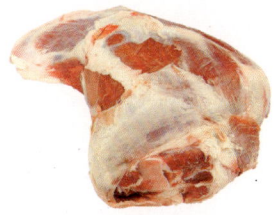

Lamm (Schulter)

1

GEFLÜGEL

Zitronenhühnchen mit Ofenkartoffeln

1. Den Backofen auf 180 °C vorheizen. Hähnchen waschen, trocken tupfen und in 8 Teile zerlegen. 1 Zitrone auspressen, den Saft mit Salz und Paprikapulver mischen und die Hähnchen damit einreiben. Kartoffeln waschen, die Schale mit einem rauen Schwamm abreiben, längs in Viertel schneiden. Knoblauch mit Schale achteln.

2. Thymian waschen, die Nadeln von den Zweigen streifen. Den Lauch putzen, der Länge nach einschneiden, gründlich waschen und in 1 cm breite Ringe schneiden. Zusammen mit Öl, Thymian und Kartoffeln in einer Schüssel mischen, salzen.

3. Ein Backblech mit Backpapier auslegen, Hühnerteile, Kartoffelspalten, Knoblauch und Lauchringe gleichmäßig darauf verteilen. Die Zitrone in Scheiben schneiden und unter die Hähnchenteile schieben. Für 40 Minuten mittig im heißen Backofen bei 200 °C schmoren.

Pro Portion: 51 g E, 25 g Kh, 31 g F

Für 4 Portionen:

1 Hähnchen (ca. 1,4 kg)

2 unbeh. Zitronen

Salz

mildes Paprikapulver

800 g neue Kartoffeln

1 Knolle frischen Knoblauch

2 Zweige Thymian

2 Lauchstangen

5 EL Olivenöl

Hühnerbrust mit nussigem Spitzkohl und Koriander-Kartoffeln

Für 2 Portionen:

- 600 g Kartoffeln
- 2 EL Olivenöl
- 2 Hühnerbrustfilets (je 200 g)
- Salz, Pfeffer
- 1 kleiner Spitzkohl (ca. 500 g)
- 1 Schalotte
- 1 Knoblauchzehe
- 70 g gesalzene Erdnüsse, gehackt
- 3 EL Sweet Chili Sauce
- 70 ml Gemüsebrühe
- 2 EL frischer Koriander, gehackt
- 1 EL Butter

1. Backofen auf 180 °C Ober- und Unterhitze vorheizen, Wasser für die Kartoffeln aufsetzen.

2. Kartoffeln schälen, in Salzwasser etwa 15 Minuten kochen. 1 EL Olivenöl in einer Pfanne erhitzen und die Hühnerbrüste auf jeder Seite 3 bis 5 Minuten scharf anbraten, salzen und pfeffern, in den heißen Backofen geben und für 8 bis 10 Minuten garen.

3. Den Spitzkohl waschen, die äußeren Blätter entfernen, den Rest in sehr feine Streifen schneiden. Schalotte klein hacken, Knoblauchzehe in feine Scheiben schneiden, beides in 1 EL Olivenöl scharf anbraten. Erdnüsse dazugeben, kurz rösten, mit Sweet Chili Sauce und Gemüsebrühc ablöschen. Mit Salz und Pfeffer abschmecken.

4. Kartoffeln abgießen, die Butter sowie den Koriander vorsichtig untermengen. Die Hühnerbrüste aus dem Ofen nehmen und den beim Braten entstandenen Saft zum Spitzkohl geben. Alles zusammen servieren.

Pro Portion: 66 g E, 53 g Kh, 36 g F

Chicken Nuggets

1. Fett und Sehnen vom Hühnerfilet abschneiden, in Stücke schneiden (etwa 3 cm × 3 cm). Mehl, Semmelbrösel und verquirlte Eier auf je einen Teller geben. Das Fleisch salzen, pfeffern und nacheinander in Mehl, Ei und Semmelbröseln wenden. Wichtig: Die Brösel nicht fest andrücken oder festklopfen, sonst wird die Panade nicht so knusprig!

2. Das Öl in einer Pfanne bei mittlerer Hitze langsam erhitzen. Nur so viele Nuggets hineingeben, dass jedes gut Platz hat: Etwa ⅓ der Pfanne sollte frei sein, sonst kühlt das Fett zu stark herunter und die Nuggets saugen sich voll. Auf jeder Seite 2 bis 3 Minuten backen, dann zum Aufsaugen auf einen Teller mit Küchenpapier geben. Größere Mengen im Ofen bei 100 °C warmhalten.

3. Statt Brösel gehen auch Sesam, gehobelte Mandeln oder Kürbiskerne. Auch gut: ungesüßte Cornflakes oder Tortillachips, vorher in einem Gefrierbeutel mit dem Nudelholz gecrasht.

Tipp: *Ist das Fett in der Pfanne heiß genug? Einfach einen Holzlöffel hineinhalten – wenn kleine Bläschen daran aufsteigen, ist die Temperatur perfekt.*

Für 4 Portionen:
400 g Hühnerbrust
3–4 EL Rapsöl
80 g Mehl
120 g Semmelbrösel
2 Eier
Salz, Pfeffer

Pro Portion: 20 g E, 23 g Kh, 9 g F

Plattes Hähnchen mit Ofengemüse

Für 4 Portionen:

1 Hähnchen, ca. 1250 g
600 g kleine junge feste Kartoffeln, wie Drillinge
500 g Möhren
2 Schalotten
2 Knoblauchzehen
1 mittelgroße Fenchelknolle
2 Stiele frischer Rosmarin
2 Stiele frischer Thymian
Salz, Pfeffer

1. Ofen auf 220 °C (Ober-/Unterhitze) vorheizen. Ein Backblech mit hohem Rand (Fettpfanne) mit Backpapier auslegen, auf die unterste Schiene im Ofen schieben.

2. Das Hähnchen mit einer Geflügel- oder Haushaltsschere oder einem scharfen Messer am Rücken aufschneiden, mit dem Handballen etwas platt drücken, die Hautseite mit Salz und Pfeffer einreiben. Das Hähnchen auf einem Rost über der Fettpfanne etwa 1 Stunde. backen.

3. Die Kartoffeln gründlich waschen, größere Exemplare halbieren. Die Möhren schälen und in etwa 1 cm dicke Scheiben oder Streifen schneiden. Schalotten schälen und vierteln, den Knoblauch nur schälen. Vom Fenchel den Wurzelansatz und dicke Stiele abschneiden, die Knolle halbieren, vierteln und eventuell achteln. Dabei den Strunk dranlassen, so fällt der Fenchel nicht auseinander. Das Gemüse in einer großen Schüssel gut mischen und salzen.

4. Nach 30 Minuten Bratzeit die Fettpfanne unter dem Grillrost vorsichtig aus dem Ofen holen und auf den Herd stellen (Achtung: sehr heiß!). Das Gemüse und die Kräuterstiele darauflegen, alles in dem heruntergetropften Hähnchenfett wenden und zurück in den Ofen geben. Unter dem Hähnchen auf dem Rost etwa 30 Minuten garen.

5. Das Hähnchen auf einer Platte servieren, es lässt sich ganz leicht zerteilen. Dazu gibt es das Ofengemüse. Reste schmecken auch kalt, sehr gut dazu ist Zaziki.

Pro Portion: 30 g E, 21 g Kh, 13 g F

Tipp: Das Ofengemüse können Sie auch ganz einfach ohne Hähnchen zubereiten. Dazu das Gemüse in einer Schüssel mit 2 bis 3 EL Öl und etwas Salz mischen, bevor es in die Fettpfanne kommt.

Tipps: *Wenn der Bräter keinen Deckel hat, kann man ihn auch mit Alufolie verschließen.*

Zusätzlich können Sie in den letzten 20 Minuten die Scheiben einer unbehandelten Zitrone auf dem Geflügel verteilen.

⏲ 20 Min. + 45 Min.
🍴 331 kcal pro Portion

Knoblauchhähnchen

1. Den Backofen auf 170 °C (Umluft 150 °C, Gas Stufe 2) vorheizen.

2. Das Hähnchen abspülen, trocken tupfen und in 8 Teile schneiden. Mit wenig Salz und reichlich Pfeffer einreiben, mit 2 EL Olivenöl bestreichen.

3. Den Staudensellerie putzen, waschen, trocken tupfen und in 2 cm lange Stücke schneiden.

4. Die Hähnchenteile in einen Bräter setzen, den Staudensellerie und die einzelnen ungeschälten Knoblauchzehen zufügen.

5. Petersilie und Oregano abbrausen, trocken tupfen und die Blätter fein hacken.

6. Die Zitrone mit dem Zestenreißer abziehen oder sehr dünn schälen und die Schale in feinste Streifen schneiden; die Zitrone halbieren und den Saft auspressen. Saft, Zitronenschale, Weißwein, Cayennepfeffer und Tabascosauce sowie die gehackten Kräuter über dem Geflügel verteilen. Restliches Öl darüberträufeln.

7. Das Geflügel zugedeckt im vorgeheizten Backofen, untere Schiene, 25 bis 30 Minuten schmoren lassen.

8. Den Deckel abnehmen, die Temperatur auf 220 °C (Umluft 200 °C, Gas Stufe 4½) erhöhen und weitere 15 Minuten braten.

Für 4 Portionen:

1 Hähnchen, etwa 1 kg, oder 8 Hähnchenunterkeulen (Hühnerkeulen)
Salz, Pfeffer aus der Mühle
3 EL Olivenöl
2–3 Staudensellerie
3 Knoblauchknollen (etwa 40 Zehen)
1 Bd. glatte Petersilie
3 Stiele Oregano
1 unbeh. Zitrone
½ Tasse trockenen Weißwein (z. B. Riesling aus dem Rheingau)
etwas Cayennepfeffer oder 1 Spritzer Tabascosauce

Pro Portion: 39 g E, 8 g Kh, 12,5 g F

⊠ 15 Min. + 70 Min.
⊠ 659 kcal pro Portion

Gefülltes Brathähnchen

Für 4 Portionen:

1 Hähnchen
(küchenfertig, ca. 1 kg)

Salz, Pfeffer

½ TL mildes Paprikapulver

1 Zwiebel

1 EL Öl

1 ½ altbackene Weizenbrötchen

4–5 EL Milch (1,5 % Fett)

1 Ei

800 g neue Kartoffeln

1. Innereien – wenn vorhanden – aus dem Hähnchen holen, dann das Hähnchen abwaschen und mit Küchenpapier trocken tupfen und mit einem Mix aus Salz, Pfeffer und Paprika innen und außen einreiben.

2. Zwiebel schälen, fein hacken und im Öl goldbraun braten. Brötchen würfeln und mit Milch und Ei mischen. Die gehackten Innereien und abgekühlten Zwiebeln mit der Masse mischen, würzen und in das Hähnchen füllen. Mit Holzspießchen zustecken.

3. Ofen auf 180 °C vorheizen. Das Hähnchen in auf ein mit Backpapier ausgelegtes Backblech mit der Brust nach unten legen und bei 180 °C 70 Minuten braten. Nach 30 Minuten wenden.

4. Kartoffeln waschen, vierteln, salzen und 40 Minuten vor Ende dazugeben und mitgaren.

Pro Portion: 58 g E, 40 g Kh, 29 g F

Tipp: *Die Kartoffeln bekommen ein Knusperkruste, wenn eine Schnittfläche auf dem Backpapier oder Blech aufliegt.*

Variante: *Asiatisch schmeckt das Brathähnchen, wenn Sie Paprika durch 5-Gewürze-Pulver ersetzen und das Hähnchen damit einreiben. Als aromatisierende Füllung 1 unbehandelte Orange samt Schale vierteln und als Füllung verwenden.*

Hühnerrouladen an Speckbohnen

1. Wasser im Wasserkocher vorkochen, auf zwei Töpfe verteilen und salzen. Kartoffeln ordentlich waschen und in einem der Töpfe mit Schale etwa 15 Minuten kochen.

2. Die Hühnerbrust längs halbieren und mit einem Fleischklopfer leicht plattieren. Kapern und Sardellen auf dem Fleisch verteilen, aufrollen und mit einem Zahnstocher fixieren.

3. Schalotten schälen und in kleine Würfel schneiden. Je 1 EL Olivenöl und Butter in einer Pfanne mit Deckel erhitzen, die Hälfte der Schalotten darin 2 Minuten glasig anschwitzen, die Hitze erhöhen und die Rouladen dazugeben, rundherum bräunen, mit Salz und Pfeffer würzen sowie dem Weißwein ablöschen. Einen Deckel auflegen und für etwa weitere 15 Minuten leicht köcheln lassen.

4. Die Bohnen in reichlich Salzwasser in 7 bis 10 Minuten bissfest kochen. Knoblauch schälen und in feine Scheiben schneiden. Die Blätter der Thymianzweige abstreifen. In einer Pfanne 1 EL Olivenöl und 1 EL Butter schmelzen, Knoblauch und die zweite Hälfte der Schalotten darin 2 Minuten scharf anbraten, Speckwürfel, Thymian und die abgegossenen Bohnen dazugeben. Mit Salz und Pfeffer abschmecken. Die Kartoffeln abgießen und alles anrichten.

Pro Portion: 48 g E, 34 g Kh, 25 g F

Für 2 Portionen:

400 g kleine festkochende (Früh-)Kartoffeln

300 g Hühnerbrustfilet

1 EL Kapern

2 in Salz eingelegten Sardellen (entgrätet und abgespült)

2 Schalotten

2 EL Olivenöl

2 EL Butter

Salz, Pfeffer

150 ml Weißwein

300 g tiefgekühlte Prinzess-bohnen

1 Knoblauchzehe

2 Thymianzweige

50 g magere Speckwürfel

⊠ 15 Minuten
⊞ 838 kcal pro Portion

Für 2 Portionen:

200 g Pappardelle

1 große Schalotte

250 g Hühnerbrust

1–2 EL Olivenöl

Salz, Pfeffer, Zucker

1 EL milder Weißweinessig

200 ml Sahne

1 unbeh. Zitrone

2 EL glatte Petersilie,
gehackt

Pappardelle mit Huhn in Zitronensauce

1. Die Nudeln in kochendes Salzwasser geben und al dente kochen.

2. Schalotte schälen und in dünne Scheiben schneiden. Hühnerbrust abspülen und trocken tupfen, in ca. 0,5 cm breite Streifen schneiden. Zusammen mit der Schalotte in einer großen Pfanne im Olivenöl scharf anbraten, mit Salz, Pfeffer und einer Prise Zucker würzen, dann mit Weißweinessig ablöschen und mit der Sahne auffüllen. 5 Minuten reduzieren lassen.

3. Von der Zitrone mit dem Zestenreißer ½ TL Schale abziehen und mit der Petersilie zur Sauce geben, eventuell eine kleine Kelle Nudelwasser dazu, wenn die Sauce zu dickflüssig ist. Die Nudeln unter die Sauce heben und servieren.

Pro Portion: 44 g E, 76 g Kh, 37 g F

Info: *Pappardelle sind sehr breite italienische Bandnudeln, die sich besonders gut für „flüssige" Saucen eignen.*

Putenleber mit Hollerbeersauce

1. Die Zwiebeln abziehen und in dünne Ringe schneiden. Die Äpfel schälen, vierteln, das Kerngehäuse entfernen und die Viertel quer in dünne Scheiben schneiden.

2. In einer Pfanne 1 EL Öl erhitzen, die Zwiebelringe darin unter Wenden glasig werden lassen; die Apfelscheiben zufügen, den Holunderbeersaft angießen. Zugedeckt etwa 2 bis 3 Minuten köcheln lassen, dann Crème fraîche unterheben. Mit Salz und Pfeffer würzen.

3. Die Putenleber kurz abspülen, in ihre natürlichen Hälften teilen, eventuell häuten, in Scheiben schneiden, trocken tupfen, leicht salzen und in Mehl wenden. Im restlichen Öl von beiden Seiten kurz braten.

4. Die Putenleber auf vorgewärmte Teller legen, mit der Sauce und den Apfelscheiben anrichten. Mit den Zitronenmelisseblättchen garniert servieren.

Pro Portion: 24 g E, 13 g Kh, 17 g F

Für 4 Portionen:

2 mittelgroße Zwiebeln

2 Äpfel

4 EL Pflanzenöl

125 ml Holunderbeersaft (ungesüßt)

50 g Crème fraîche

Salz, Pfeffer aus der Mühle

400 g Putenleber

1 EL Mehl

2 Stiele Zitronenmelisse

Hähnchenbrust mit Walnusssauce

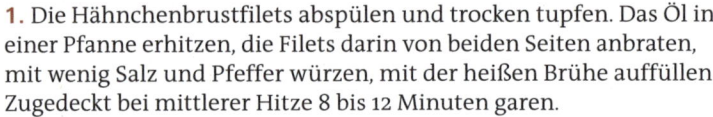

Für 4 Portionen:

Fleisch

4 Hähnchenbrustfilets
von je 125 g

1 TL Pflanzenöl

Salz, Pfeffer aus der Mühle

¼ Tasse Geflügelbrühe

Sauce

100 g Walnusskerne

200 g Joghurt (3,5 % Fett)

1 Msp. Cayennepfeffer oder
1 getrocknete Chilischote

1 TL Honig

1. Die Hähnchenbrustfilets abspülen und trocken tupfen. Das Öl in einer Pfanne erhitzen, die Filets darin von beiden Seiten anbraten, mit wenig Salz und Pfeffer würzen, mit der heißen Brühe auffüllen. Zugedeckt bei mittlerer Hitze 8 bis 12 Minuten garen.

2. Die Walnusskerne hacken. Für die Sauce Joghurt, die Hälfte der Nüsse, Salz, Cayennepfeffer oder zerbröselte Chilischote und Honig in einer Schussel verrühren und alles mit dem Pürierstab zerkleinern und abschmecken. Restliche Walnüsse in die Sauce rühren.

3. Das Hähnchenbrustfilet aus der Pfanne nehmen, in Alufolie wickeln und 5 Minuten ruhen lassen, damit sich der Fleischsaft setzt; dann quer in fingerbreite Scheiben schneiden und lauwarm oder kalt mit der Sauce anrichten.

Pro Portion: 34 g E, 6 g Kh, 20 g F

Tipps: *Wenn Sie mehrere Personen bewirten wollen, braten Sie die Hähnchenbrüste im Bräter rundherum an und garen sie in der Saftpfanne im Backofen, bei 150 °C (Umluft 130 °C, Gas Stufe 1) in 15 bis 20 Minuten zu Ende. Damit die Hähnchenbrüste nach dem Backen nicht austrocknen, einfach mit angefeuchtetem Pergamentpapier abdecken.*

Bereits von der harten Schale befreite Walnüsse sollten Sie im Kühlschrank aufbewahren. Wegen ihres hohen Anteils mehrfach ungesättigter Fettsäuren können sie sonst sehr schnell ranzig schmecken.

Puten-Cordon bleu

1. Die Putenschnitzel mit Frischhaltefolie überdecken und mit dem Fleischklopfer gleichmäßig flach klopfen. Folie entfernen und die Schnitzel auf beiden Seiten leicht salzen und pfeffern. Auf je eine Seite etwas Ajvar streichen.

2. Auf jedes zweite Schnitzel ½ Scheibe Gouda und eine Scheibe Putenschinken legen. Ein zweites Schnitzel mit der Ajvarsauce darauflegen und fest zusammendrücken. Die übereinandergelegten Schnitzel halbieren, so dass vier gleichgroße Puten-Cordon Bleu entstehen.

3. Cashewkerne fein zermahlen und anschließend mit dem Maismehl vermischen. Ei auf einem tiefen Teller aufschlagen. Die Cordon Bleu rundherum mit Stärke bestäuben, dann im Ei wenden und zuletzt von beiden Seiten mit dem Cashew-Mehl-Mix umhüllen, rundherum fest andrücken.

4. Eine Pfanne mit Öl erhitzen und die Putenschnitzel von jeder Seite bei mittlerer Hitze etwa 4 Minuten knusprig braten. Eventuell etwas Öl nachfüllen. Puten-Cordon bleu auf Küchenpapier kurz abtropfen lassen.

Pro Portion: 34 g E, 18 g Kh, 22 g F

Tipp: *Der Cashew-Mehl-Mix lässt sich wunderbar auf Vorrat produzieren. Statt Maismehl können Sie auch Parmesan beimischen.*

Für 4 Portionen:

4 Putenschnitzel (je 100 g)
Salz, Pfeffer
1 EL Ajvar
4 kleine Scheiben Gouda
4 hauchdünne Scheiben gekochter Putenschinken (je 5 g)
50 g Cashewkerne
50 g Maismehl
1 Ei
3 gehäufte EL Stärke
3–4 EL Rapsöl

Entenbrust mit Birne und Bratkartoffeln

Für 4 Portionen:

2 große Entenbrüste, je 350 g (oder 4 kleine)

500 g Kartoffeln

1 große Birne (oder Quitte)

1 EL Honig

1 EL heller Balsamico

Salz, Pfeffer

1. Von der Unterseite der Entenbrust die sogenannte Silberhaut mit einem spitzen Messer entfernen. Das überstehende Fett am Rand abschneiden, beiseitelegen. Die Fetthaut bis aufs Fleisch über Kreuz in Rhomben schneiden – je kleiner, desto mehr Fett brät aus. Kartoffeln schälen, längs halbieren und in Scheiben schneiden.

2. Die Entenbrust mit der Fetthaut nach unten in eine warme Pfanne legen, bei mäßiger Hitze (Stufe 3 bei 9 Stufen) das Fett ausbraten. Es soll möglichst viel herausbraten, nicht bräunen. Die Haut soll knusprig werden, aber nicht verbrennen. Das dauert 20 Minuten und mehr.

3. In einer zweiten Pfanne das abgeschnittene Randfett ausbraten, die Kartoffelscheiben hineinlegen, bei mittlerer Hitze ohne Wenden anbraten. Nach etwa 5 Minuten die Pfanne zudecken, auf kleinster Stufe garen lassen.

4. Das ausgebratene Entenfett wegkippen. Entenbrust von der anderen Seite 1 bis 2 Minuten heiß anbraten. In Alufolie im Ofen bei 50 °C warm halten, frühestens nach 10 Minuten aufschneiden. 30 Minuten später geht auch noch gut.

5. Birne ungeschält vierteln, entkernen, fächerförmig aufschneiden. In der Entenbrust-Pfanne mit je 1 EL Honig und Balsamico bei mittlerer Hitze anbraten, eventuell etwas Entenfett dazugeben. Alles beim Servieren salzen und pfeffern.

Pro Portion: 36 g E, 26 g Kh, 17 g F

Tipp: *Wenn Quitte statt Birne verwendet wird, die Quitte ungeschält vierteln, Kerngehäuse herausschneiden, fächern und schon zu den Bratkartoffeln in die Pfanne geben.*

Gänsebrust mit Orangensauce

1. Den Backofen auf 180 °C (Umluft 160 °C, Gas Stufe 2½) vorheizen. Die Gänsebrust abspülen, trocken tupfen und die Haut obenauf kreuzweise mit einem scharfen Messer einritzen.

2. Die Gänsebrust auf der Fleischseite leicht salzen und pfeffern; auf der Hautseite nur wenig salzen. In einen kleinen Bräter knapp 1 Tasse Wasser geben, die Gänsebrust mit dem Knochen hineinsetzen. Den Bräter in den vorgeheizten Backofen, untere Schiene, geben und etwa 75 Minuten braten. Zwischendurch die Gänsebrust mit der Flüssigkeit bestreichen.

3. Die Äpfel abspülen, trocken tupfen, vierteln, das Kerngehäuse entfernen und die Viertel in ½ cm dicke Spalten schneiden. Butter oder Margarine in einer Pfanne erhitzen, die Apfelspalten darin beidseitig kurz braten.

4. Inzwischen 1 bis 2 EL Orangensaft, Marmelade, Honig, Likör, Cayennepfeffer und Zimt verrühren.

5. Den Bräter herausnehmen, das Fett vorsichtig abschöpfen. Den Bräter wieder in den Ofen setzen und in den letzten 10 Minuten die Hautseite mit der Orangen-Honig-Mischung bestreichen.

6. Nach dem Braten die Gänsebrust für 10 Minuten in Alufolie wickeln, damit sich der Fleischsaft setzt. Vom Bratfond eventuell das Fett abschöpfen. Die Gansebrust mit einem scharfen Messer vom Knochen lösen, den Fleischsaft in den Bratfond gießen, restlichen Orangensaft einrühren. Den Fond einmal aufkochen und etwas einkochen lassen.

7. Zum Servieren die Gänsebrust in fingerdicke Scheiben schneiden und mit den Apfelspalten auf einer vorgewärmten Platte anrichten. Mit dünnen Orangenschalenstreifen bestreut servieren.

Tipp: *Wer die Gänsebrust ohne Knochen braten will, sollte mit nur 45 Minuten Bratzeit rechnen; das Fleisch ist jedoch nicht ganz so saftig.*

Für 4 Portionen:

1 bratfertige Gänsebrust mit Knochen (etwa 750 g)

Salz, Pfeffer aus der Mühle

3 mittelgroße Äpfel

2 TL Butter oder Margarine

200 ml Orangensaft

1 TL Orangenmarmelade

1 TL Honig

2 cl Orangenlikör

1 Msp. Cayennepfeffer

1 Prise Zimt

zum Garnieren

geriebene Schale von ½ unbeh. Orange

Pro Portion: 28 g E, 23 g Kh, 24 g F

30 Minuten
404 kcal pro Portion

Hühnercurry mit Kardamom

Für 4 Portionen:

500 g Hühnerbrust ohne Haut

4 EL Raps- oder helles Sesamöl

3 TL Kardamom, gemahlen

1 EL Currypulver

1 TL Koriandersamen, gemahlen

½ TL Chiliflocken

100 g Cashewkerne

250 g Joghurt

1 TL Zitronenschale, gerieben

Salz, schwarzer Pfeffer

evtl. einige Spritzer Zitronensaft

Pro Portion: 36 g E, 10 g Kh, 24 g F

1. Die Hühnerbrüste in etwa 2 cm × 3 cm große Quader schneiden, trocken tupfen und im heißen Öl in einer großen Pfanne von allen Seiten gut anbraten. Fleisch aus der Pfanne nehmen, beiseitestellen.

2. Kardamom, Currypulver, Koriander, Chiliflocken und die Cashewkerne in die Pfanne geben und bei mittlerer Hitze einige Minuten lang anrösten.

3. Die Hühnerstückchen wieder in die Pfanne geben, nach etwa 5 Minuten auch den Joghurt und die geriebene Zitronenschale. Ohne weitere Hitzezufuhr noch 5 Minuten warm stellen, dabei alles gut umrühren. Abschmecken mit Salz, schwarzem Pfeffer und – um die säuerliche Geschmackskomponente abzurunden – eventuell etwas Zitronensaft.

Variante: *Eine helle, milde, auch kindertaugliche Curry-Variante: Lassen Sie die Chiliflocken weg und die Gewürze im Fett nur ganz kurz anschwitzen. Die Cashewkerne werden ungeröstet püriert und kommen zum Schluss an die Sauce.*

Hähnchenfilet in Tomaten-Aprikosen-Rahm

1. Den Backofen auf 180 °C vorheizen. Zwiebeln schälen, halbieren und fein würfeln. Öl in eine beschichtete Pfanne geben und die Zwiebelwürfel darin leicht braun braten. Salbei waschen, trocken tupfen und in der Zwiebelpfanne schwenken.

2. Tomatenmark zugeben und kurz mitrösten. Tomaten mit Saft hinzugeben und einmal aufkochen lassen. Alles in eine flache Auflaufform geben.

3. Aprikosen längs in Streifen schneiden und auf den Tomaten verteilen. Gemüsebrühe mit Pfeffer würzen, Sojacreme unterheben und alles mit der Tomatensoße verrühren.

4. Hähnchenbrust in Streifen schneiden und in der Form verteilen. Alles im Ofen (Mitte) 30 Minuten backen.

5. Die Nudeln nach Packungsanleitung al dente kochen, abgießen und zu den fertigen Hähnchenfilets mit Tomaten-Aprikosen-Rahm reichen.

Für 4 Portionen:

2 Zwiebeln

2 EL Olivenöl

20 Salbeiblätter

2 EL Tomatenmark

1 Dose Tomatenstückchen (400 g)

100 g getrocknete Aprikosen

100 ml Gemüsebrühe

Pfeffer

2 EL Sojacreme (oder Sahne)

500 g Hähnchenbrust

200 g Penne

Pro Portion: 38 g E, 51 g Kh, 10 g F

Balsamico-Hähnchen

Für 4 Portionen:

4 Knoblauchzehen

4 Hühnerbrustfilets
(etwa 500 g)

1–2 EL Olivenöl

100 ml Weißwein
(oder Apfelsaft)

40–50 ml dunkler Balsamico

125 ml Hühnerbrühe

1 EL Tomatenmark

50 g kalte Butter

Salz, Pfeffer

1. Backofen auf 50 °C (Ober-/Unterhitze) vorheizen. Knoblauchzehen häuten, sehr klein schneiden. Größere Hühnerfilets in mundgerechte Stücke schneiden. Mit dem Öl von beiden Seiten je 2 Minuten scharf anbraten.

2. Die goldbraun angebratenen Stücke aus der Pfanne nehmen und im Ofen warm stellen. Den Knoblauch in derselben Pfanne kurz andünsten, dann mit Wein, Balsamico und Brühe ablöschen, Tomatenmark unterrühren.

3. Die Sauce noch einige Minuten etwas einköcheln lassen. Von der Heizplatte ziehen, die kalte Butter in kleinen Stückchen unterrühren. Nicht noch einmal erwärmen. Über die Hühnerstücke geben und sofort servieren.

Pro Portion: 30 g E, 2 g Kh, 19 g F

Tipps: *Dazu schmeckt Rosenkohl, gedämpft oder aus der Pfanne.*

Zur Sauce passt statt Butter auch Sahne (50 bis 100 g heiß dazugeben) sowie etwas frischer Estragon, den man aber erst zum Schluss dazugibt.

Kartoffel-Kürbis-Apfel-Gratin mit Entenbrust

⏱ 20 Min. + 45 Min.
🔥 530 kcal pro Portion

1. Backofen auf 200 °C vorheizen. Die Entenbrust quer in fingerbreite Streifen schneiden. Thymianblättchen von den Stielen streifen, mit Salz und Pfeffer in die Entenbruststreifen reiben.

2. Kartoffeln, Kürbis und Äpfel waschen. Kartoffeln schälen, Kürbis teilen, die Kerne entfernen und beides mit der Küchenmaschine in feine Scheiben hobeln. Äpfel mit Schale vierteln, Kerngehäuse entfernen und die Viertel in schmale Spalten teilen.

3. Eine große, flache Auflaufform (35 cm × 30 cm) mit Öl einfetten und die Scheiben im Wechsel dachziegelartig einschichten. Sojacreme mit Salz, Pfeffer und den Gewürzen kräftig abschmecken und darübergießen.

4. Entenstreifen mit der Haut nach oben halb zwischen die Schichten schieben. Nüsse grob hacken, dazwischen verteilen. Gratin im Ofen (Mitte) 40–45 Minuten backen.

Pro Portion: 27 g E, 47 g Kh, 25 g F

Varianten: *Auch ohne Ente als Beilage köstlich. Dann dazu etwas Kurzgebratenes oder Gegrilltes reichen. Statt Kürbis können Sie Pastinaken oder Topinambur verwenden.*

Für 4 Portionen:

1 Entenbrust (ca. 300 g)
1 Zweig Thymian
Salz, Pfeffer
600 g Hokkaidokürbis
400 g Äpfel
600 g Kartoffeln
Öl für die Form
500 ml Sojacreme (oder Sahne)
Zimtpulver, Nelkenpulver oder Lebkuchengewürz
50 g Walnusskerne

Backpflaumen-Spieße mit Pute und Zwiebeln

Für 4 Portionen:

300 g Putenbrust

2 EL Sojasauce, hell

4 EL Pflanzenöl

1 TL Pfeffer, grob geschrotet

abgeriebene Schale von ¼ unbeh. Zitrone

400 g Silberzwiebeln (Perlzwiebeln)

35 Kurpflaumen (Dörrzwetschgen), etwa 250 g

Salz

1 kleine Knoblauchzehe

außerdem: 8 Spieße, Eiswürfel

Pro Portion: 21 g E, 41 g Kh, 11 g F

1. Das Putenfleisch abspülen, trocken tupfen und in daumenbreite Würfel schneiden.

2. Aus Sojasauce, 2 EL Öl, Pfeffer und Zitronenschale eine Marinade bereiten. Das Fleisch in der Marinade zugedeckt 1 Stunde ziehen lassen.

3. Inzwischen die Zwiebeln abziehen und in kochendem Salzwasser etwa 2 bis 3 Minuten ziehen lassen, mit einer Schaumkelle herausnehmen und in einer Schüssel mit kaltem Wasser und Eiswürfeln abschrecken. Das Wasser abgießen und das Gemüse trocken tupfen.

4. Kurpflaumen abspülen und trocken tupfen. 3 Pflaumen und 3 Perlzwiebeln für die Sauce beiseitelegen.

5. Die marinierten Fleischwürfel, restliche Backpflaumen und Silberzwiebeln abwechselnd auf 8 Spieße stecken, die Zutaten leicht salzen und mit der restlichen Marinade bestreichen.

6. Die beiseitegelegten Pflaumen und Zwiebeln fein schneiden. Die Knoblauchzehe abziehen und zerdrücken.

7. In einer Pfanne das restliche Öl erhitzen. Die Spieße darin bei mittlerer Hitze unter Wenden rundherum etwa 4 Minuten braten. Herausnehmen und warm stellen.

8. Die Pflaumen-Zwiebel-Mischung in das Bratfett geben, mit Knoblauch würzen, unter Rühren etwas einkochen lassen, mit Salz abschmecken und zu den Spießen anrichten.

Tipps: *Statt der Silberzwiebeln können Sie auch kleine Haushaltszwiebeln verwenden, die nach dem Blanchieren halbiert werden. Ebenso eignen sich Frühlingszwiebeln (nur das dicke weiße Ende).*

Sollten die Pflaumen zu trocken sein, vor Kochbeginn für etwa
20 Minuten zum Einweichen in lauwarmes Wasser geben; danach
müssen die Früchte ausgedrückt werden.

Statt Kurpflaumen lassen sich auch andere getrocknete Früchte,
z. B. Aprikosen, verwenden.

Hühnerschenkel mit Madeira und Oreganospinat

1. Die Hähnchenschenkel mit Salz, Pfeffer und Paprikapulver einreiben, mit Öl in einer Pfanne mit Deckel rundherum anbraten und bei niedrigster Hitze zugedeckt etwa 30 Minuten garen. Die Alternative: im vorgeheizten Ofen bei 180 °C (Ober-/Unterhitze).

2. Den Spinat auftauen (Mikrowelle/Herd), gut ausdrücken. Inzwischen den Speck erst in Scheiben und dann in etwa 5 mm starke Streifen schneiden. Die Zwiebel häuten und klein schneiden, in einem Topf mit der Butter und den Speckstreifen etwa 5 Minuten glasig dünsten. Den Spinat dazugeben und mit Deckel bei kleinster Hitze etwa 15 Minuten garen. Zum Schluss die Crème fraîche mit dem Oregano unterrühren, kurz erhitzen, mit Salz, Pfeffer und Muskatnuss abschmecken. Falls das Gemüse sehr flüssig ist, mit etwas Ricotta, Sahnequark oder Zucchinisauce binden.

3. Die Hühnerbeine aus der Pfanne nehmen, den Bratensatz mit Madeira ablöschen. Mit Salz und Pfeffer abschmecken, etwas Fond oder Brühe und 2 bis 3 EL Sahne dazugeben. Kurz aufkochen. Die Hühnerbeine mit dem Spinat servieren, die Sauce über Geflügel und Beilage geben.

Pro Portion: 4 g E, 15 g Kh, 36 g F

Auch gut: *Etwa 100 g fein geschnittene Champignons in die Sauce geben.*

Für 4 Portionen:

4 Hähnchenschenkel
(oder 12 Unterkeulen)

1 EL Paprikapulver edelsüß

1 EL Olivenöl

800 g Blattspinat, tiefgefroren

100 g durchwachsener
Räucherspeck

1 mittlere Zwiebel

20 g Butter

150 g Crème fraîche

1 EL getrockneter Oregano

2 Msp. Muskatnuss

100 g Ricotta oder Sahnequark

60 ml Madeira (oder Marsala)

2–3 EL Sahne

2–3 EL Geflügelfond oder Brühe

Salz, Pfeffer

Ingwer-Ente

Für 4 Portionen:

1 bratfertige Barbarie-Ente
(etwa 1,6 kg)

Salz, Pfeffer aus der Mühle

Füllung

1 rosa Grapefruit oder Orange

1 kleines Stück Ingwerwurzel
(etwa 50 g)

6 frische blaue Feigen

250 ml Wasser

zum Bestreichen

2 TL Honig

zum Binden der Sauce

1–2 TL Speisestärke

Pro Portion: 68 g E, 19 g Kh, 32 g F

1. Den Backofen auf 200 °C (Umluft 180 °C, Gas Stufe 3 ½) vorheizen.

2. Die Ente waschen, eventuell restliche Federkiele entfernen. Mit den Fingern noch vorhandenes Fett aus der Bauchhöhle entfernen. Den Vogel trocken tupfen und innen salzen und pfeffern.

3. Grapefruit oder Orange schälen, in Segmente teilen und diese klein schneiden. Ingwerwurzel schälen, ⅔ in dünne Streifen schneiden, den Rest fein reiben und beiseitestellen. Die Feigen waschen, trocken tupfen und 4 der Feigen mit Grapefruit- oder Orangenstücken und den Ingwerstreifen mischen. Die restlichen beiseitelegen.

4. Die vorbereitete Ente mit den Früchten füllen. Um die Bauch-öffnung zu schließen, die Hautkanten mit Daumen und Zeigefinger zusammendrucken und mit Metallspießen oder Kuchengarn verschließen. Dann die Ente dressieren (siehe Tipp) und danach mit Salz und Pfeffer einreiben. Den Vogel mit der Brust nach unten in einen Bräter oder in die Fettpfanne setzen. Das Wasser zugießen. Im vorgeheizten Backofen, 2. Schiene von unten, 30 Minuten braten.

5. Inzwischen restlichen geriebenen Ingwer mit dem Honig verrühren. Die Ente 5 Minuten vor Ende der ersten Bratzeit damit bestreichen. Die Hitze auf 180 °C (Umluft 160 °C, Gas Stufe 2 ½) reduzieren.

6. Die Ente wenden, weitere 45 Minuten braten. 15 Minuten vor Ende der Bratzeit wiederum mit der Honig- Ingwer-Mischung bestreichen.

7. Die Ente herausnehmen, in Alufolie wickeln und warm halten. Den Bratensatz mit wenig kaltem Wasser aufkochen. Den Bratenfond in einen Topf geben, eventuell Fett abschöpfen. Restliche Feigen in Scheiben schneiden und in dem Fond 2 Minuten ziehen lassen. Dann herausnehmen, abtropfen lassen und warm stellen. Bratenfond mit in etwas kaltem Wasser verrührter Speisestärke binden.

8. Die Ente aus der Folie nehmen, den Fleischsaft in die Sauce geben; den Braten tranchieren, das heißt, die Keulen und Brüste auslösen. Die Füllung herausnehmen, neben den Ententeilen mit Sauce und den restlichen Feigen anrichten.

Tipp: *Das Dressieren gibt dem Vogel eine schöne Gestalt: Den Vogel auf die Brustseite legen, die Flügelspitzen unter das Keulengelenk stecken, die Halshaut auf den Rücken klappen. Die Dressiernadel mit Küchengarn (Spagat) durch beide Teile des Flügels, die Halshaut unter dem Rückenknochen hindurch durch den zweiten Flügel stechen. Die Nadel mit dem Küchengarn durch die Schenkel stechen und bis zur anderen Seite durchschieben. Die Enden des Küchengarns verknoten.*

Coq au Vin mit Apfelwein

⊠ 40 Min. + 1 Std.
⊡ 420 kcal pro Portion

1. Die Poularde in acht oder sogar zehn Teile zerlegen: Zuerst das Fett aus der Bauchhöhle entnehmen. Dann die Keulen abtrennen, sie jeweils im Gelenk in Ober- und Unterschenkel teilen. Das Huhn entlang dem Brustbein und Rückgrat in zwei Hälften schneiden. Die Flügel mit einem Teil der Brust abtrennen und die Brust in der Mitte nochmals halbieren.

2. Die Geflügelstücke mit Zitronensaft beträufeln und diesen rundum verteilen und leicht einmassieren.

3. Das Fett klein würfeln und im Schmortopf auslassen. Die Hühnerteile nacheinander im heißen Hühnerfett langsam bräunen, dabei jeweils salzen und pfeffern. Gebratene Stücke herausnehmen und beiseitestellen, bis alle Stücke appetitlich gebräunt sind.

4. Die geschälten Schalotten – möglichst unzerteilt lassen, nur, wenn sie sehr groß sind, halbieren oder sogar auch vierteln – und die geputzten Champignons im Bratfett anbraten; ebenfalls lieber ganz lassen, nur notfalls halbieren oder sogar vierteln.

5. Alles wieder in den Topf schichten, den Apfelbrand mit einer Schöpfkelle darübergießen, mit einem Streichholz anzünden und abbrennen. Mit Apfelwein ablöschen, den Kräuterstrauß einlegen, aufkochen, dann den Deckel auflegen. Das Ragout schließlich auf kleinem Feuer oder im Backofen bei 100 °C (Heißluft bis 120 °C), Ober- und Unterhitze, 1 Stunde schmoren.

6. Die Geflügelteile nochmals herausheben und warm stellen. Den Fond auf dem Herd heftig kochen lassen und etwas reduzieren, die Crème fraîche unterrühren und alles bis zur gewünschten cremigen Konsistenz einkochen. Nochmals abschmecken, nach Belieben auch mit etwas abgeriebener Zitronenschale würzen.

7. Die Hitze ausschalten, die Geflügelstücke wieder einlegen und in der Sauce erwärmen und durchziehen lassen.

Für 4–6 Portionen:

1 Poularde (ca. 1,8–2 kg)

1 unbeh. Zitrone

Salz, Pfeffer

300 g kleine Zwiebeln oder Schalotten

250 g kleine Champignons

2–3 EL Apfelbrand

½ Flasche trockener Apfelwein oder Cidre

1 Kräuterstrauß aus Thymian oder Bergbohnenkraut

1 Lorbeerblatt

2 getrocknete Chilischoten

200 g Crème fraîche

P. P. (bei 6): 35 g E, 4 g Kh, 26 g F

Cassoulet vom Huhn

Für 4–6 Portionen:

150 g Kichererbsen

1 Hähnchen oder Suppenhuhn

5 Knoblauchzehen

2–3 Zweige Thymian

4 grüne Paprikaschoten (ca. 600 g)

Salz, 3 EL Tomatenmark

1 Msp. Sambal Oelek

80 g Semmelbrösel

4 EL Olivenöl

1. Kichererbsen am Vortag in 1 l Wasser einweichen.

2. Hähnchen waschen. Kichererbsen samt Wasser in einen Topf geben und das Hähnchen im Ganzen hineinlegen. Knoblauch abziehen und mit Thymian zugeben. Alles zum Kochen bringen, 20 Minuten leicht köcheln. Paprika waschen und in 3 cm breite Spalten teilen, Stiel und Kerne entfernen. Spalten die letzten 5 Minuten mitkochen.

3. Backofen auf 220 °C vorheizen. Hähnchen herausheben. Inhalt des Topfes kräftig salzen, mit Tomatenmark und Sambal Oelek mischen und in einer flachen Auflaufform verteilen. Hähnchen in etwa 8 Teile zerlegen, dabei entbeinen und dazugeben. Alles mit Bröseln bestreuen, mit Öl beträufeln und im Ofen etwa 15 Minuten überbacken.

Pro Portion: 45 g E, 23 g Kh, 30 g F

Tipp: *Gesalzen wird erst, wenn die Kichererbsen fast gar sind: Salz und Säure verhindern sonst das Garen. Wer aber sehr weiches, kalkarmes Trinkwasser hat, kann von Anfang an salzen.*

Variante: *Schmeckt auch mit 450 g gehacktem Grünkohl aus der Tiefkühltruhe statt Möhren und Tomatenmark. Grünkohl auftauen und erst in der Auflaufform unter die übrigen Zutaten mischen.*

Frikassee mit Gemüse

1. Petersilie waschen, einige Stiele mit den übrigen Kräutern mit einem Faden zusammenbinden. Das gewaschene Huhn mit dem Kräuterstrauß zugedeckt 40 Minuten (Suppenhuhn 1,5 Stunden) in 1 l Wasser leicht kochen lassen.

2. Spargel waschen, wenn nötig schälen (Spitzen nicht schälen), in mundgerechte Stücke schneiden.

3. Brühe durch ein Sieb gießen. Haut vom Huhn abziehen. Beine und Flügel abtrennen, Fleisch von den Knochen lösen. Brust längs am Brustbein teilen, Fleisch im Ganzen auslösen, alles klein schneiden.

4. Mehl und Frischkäse verrühren und als Flöckchen in die kochende Brühe geben – kräftig rühren, bis sich die Flocken auflösen.

5. Spargel zugeben und etwa 10 Minuten kochen lassen. Von der übrigen Petersilie die Blättchen abstreifen, fein hacken und mit dem ausgelösten Fleisch zufügen. Mit Zitronensaft oder Weißwein abschmecken.

Pro Portion: 26 g E, 23 g Kh, 60 g F

Variante: *Statt Spargel Kohlrabiwürfel oder 400 g Zuckererbsen oder Champignonscheiben 3 bis 5 Minuten mitkochen. Raffiniert: 30 g getrocknete Morcheln in warmem Wasser einweichen, während das Huhn kocht. Einweichwasser durch ein Sieb zur Brühe geben, Morcheln waschen und am Ende mit 300 g frischen Pilzen (Champignons, Pfifferlinge) 5 Minuten mitkochen.*

Für 4 Portionen:

1 Bd. Petersilie
1 Lorbeerblatt
1 Frühlingszwiebel
2–3 Petersilienstängel
1 Stiel Estragon oder Selleriegrün
1 Hähnchen oder Suppenhuhn
500 g Spargelstücke oder -spitzen
5 EL Mehl
5 EL Kräuterfrischkäse
1 TL Zitronensaft oder Weißwein

2

RIND

Szegediner Gulasch

1. Die Zwiebeln schälen, halbieren und in Scheiben schneiden. Paprikaschoten waschen, entstielen, entkernen und würfeln. Das Sauerkraut grob hacken.

2. Öl in einen großen Topf geben und die Zwiebeln und Paprikawürfel darin kurz anbraten. Das Gulaschfleisch zugeben und rundherum kräftig anbraten.

3. Alles mit 2 TL Salz und Paprikapulver würzen, zudecken und bei mittlerer Hitze 1½ Stunde schmoren. Gelegentlich umrühren und nur bei Bedarf etwas Wasser hinzugeben.

4. Etwa 15 Minuten vor Ende der Garzeit das Sauerkraut untermischen und kurz mitschmoren lassen.

5. Zum Schluss Sojacreme unterrühren und alles noch mal mit Salz, Paprikapulver und Pfeffer abschmecken. Zum Gulasch passen hervorragend Salzkartoffeln oder Brot.

Pro Portion: 24 g E, 7 g Kh, 16 g F

Tipp: *Beim Anbraten zieht das Fleisch schnell Wasser. Seine Bräunung bekommt es erst, wenn sämtliche Flüssigkeit verschmort ist und der Fond bräunt. Deshalb nicht zu früh Wasser angießen.*

Variante: *Statt Sauerkraut frisches Weißkraut oder Tomaten zugeben.*

Für 4 Portionen:
5 Zwiebeln
2 Paprikaschoten (grün/rot)
300 g Sauerkraut (frisch oder vorgegart)
3 EL Rapsöl
400 g Rindergulasch
Salz, Pfeffer
1 EL mildes Paprikapulver
½ TL scharfes Paprikapulver
2–3 EL Sojacreme (oder Sahne)

Kalbsbraten mit Kräuterkruste und Mangoldstampf

Für 6 Portionen:

750 g Tafelspitz vom Kalb

2 EL Olivenöl

2 große Bd. Petersilie

je 1 Bd. Rosmarin und Thymian

3–4 Knoblauchzehen

6–8 getrocknete Tomaten in Öl

1 Eiweiß

50 g gemahlene Mandeln, optional:
20–30 gehackte Mandeln

Salz, Pfeffer

Mangoldstampf

750 g Kartoffeln

750 g Mangold
(1 mittlere Staude)

2 EL Olivenöl

2 EL Tomatenmark

1 mittlere Zwiebel

250 ml Milch

20 g Butter

Salz, Pfeffer

1. Fleisch 90 Minuten vorher aus dem Kühlschrank nehmen. Ofen auf 80 °C (Ober-/Unterhitze) vorheizen. Fleisch rundherum salzen, kräftig pfeffern, auf jeder Seite etwa 2 Minuten mit Öl scharf anbraten. In einem offenen feuerfesten Gefäß 2 Stunden in den Ofen geben. Die Türe zwischendurch nicht öffnen!

2. Thymian und Rosmarin waschen, trocken schütteln, Blätter und Nadeln abzupfen. Knoblauch kurz in wenig Wasser aufkochen, häuten. Knoblauch und Rosmarin grob hacken. Alles mit 3 bis 4 EL Öl von den Tomaten mit dem Eiweiß fein pürieren. Die getrockneten Tomatenhälften würfeln, mit den gemahlenen Mandeln unterrühren, nach Wunsch dazu auch gehackte Mandeln. Mit Salz und Pfeffer abschmecken.

3. Die Kartoffeln mit Schale 25 Minuten kochen. Die Mangoldstiele von den Blättern abschneiden, beide getrennt in 2 bis 3 cm breite Streifen schneiden. Die länger garenden Stiele mit 1 EL Öl und 2 bis 3 EL Wasser zugedeckt gar dünsten. Dann Tomatenmark unterrühren und salzen. Die Blätter in einem anderen Topf mit den gestückelten Zwiebeln in 1 EL Öl anbraten, mit etwas Wasser 5 bis 7 Minuten zugedeckt dünsten. Die Kartoffeln abgießen, zügig pellen, fein oder eher grob stampfen. Die Milch erhitzen, unter den Kartoffelstampf rühren, dann die Butter, schließlich Mangoldblätter unterheben, salzen und pfeffern.

4. Den Braten mit der Kräuterpaste bestreichen und wenige Minuten unter den Grill geben. Wie lange, unterscheidet sich je nach Ofen: Die Kruste soll knusprig, aber nicht schwarz werden. Den Braten aufschneiden und mit dem Mangoldstampf sowie den weiß-roten Stielen servieren.

Pro Portion: 32 g E, 25 g Kh, 21 g F

Rouladen mit Süßkartoffelpüree

☒ 35 Min. + 60 Min.
⊡ 533 kcal pro Portion

1. Backofen auf 150 °C vorheizen. Rouladen mit der flachen Seite des Fleischklopfers plattieren, salzen, pfeffern. Mit der Gabel Senf mit Käse verkneten und auf die Rouladen streichen. Möhren waschen und schälen.

2. Zwiebel schälen, halbieren und fein würfeln. Lauch von Wurzel und Welkem befreien. Seitlich der Länge nach aufschneiden und gründlich waschen. Lauch vierteln und in feine Ringe schneiden.

3. Rouladen längs halbieren, mit Lauchstückchen bestreuen, Fleisch um je eine Möhre spiralig eng aufrollen. Mit kleinen Holzspießen oder Rouladennadeln sichern.

4. Öl in einem Schmortopf erhitzen und die Rouladen rundherum anbraten, Zwiebelwürfel zugeben, kurz anschmoren und mit 150 ml Wasser ablöschen. Auf der mittleren Schiene im Ofen bei 150 °C ca. 60 Minuten schmoren.

5. In der Zwischenzeit die Süßkartoffeln waschen und mit wenig Wasser weich kochen. Pellen und mit dem Sauerrahm zerstampfen, mit Salz und Cayennepfeffer würzen.

6. Die Rouladen aus dem Fond heben, Sauce mit Sahne verfeinern und nach Wunsch pürieren, nochmals abschmecken. Rouladen mit Süßkartoffelpüree servieren.

Pro Portion: 26 g E, 54 g Kh, 23 g F

Für 4 Portionen:
2 große Rinderrouladen (300 g)
Salz, Pfeffer
2 EL grober Senf
80 g Tilsiter
4 junge Möhren
1 Zwiebel
½ Stange Lauch
2 EL Rapsöl
800 g Süßkartoffeln
2 EL Sauerrahm (20 % Fett)
Cayennepfeffer
5 EL Sahne

Kohlrabi-Hack-Gratin

Für 4 Portionen:

3 große Kohlrabiknollen
mit Grün
(ca. 800 g ohne Grün gewogen)

1 Zwiebel

1–2 EL Öl

250 g Rinderhackfleisch

Salz, Pfeffer

200 ml Milch

Muskatnuss

1 unbeh. Zitrone

Pro Portion: 18 g E, 11 g Kh, 16 g F

1. Backofen auf 180 °C vorheizen. Kohlrabi samt Grün waschen. Zartes Grün von den Stielen abtrennen – höchstens 2 Handvoll – und die Blätter fein nudelig schneiden.

2. Kohlrabi schälen, je nach Größe halbieren oder vierteln und auf einem Küchenhobel oder mit der Küchenmaschine in sehr dünne Scheiben hobeln.

3. Zwiebel schälen, halbieren und klein würfeln. In einer beschichteten Pfanne in Öl glasig dünsten, das Hackfleisch zugeben und mit dem Kochlöffel zerteilen. Mit Salz und Pfeffer kräftig würzen und unter Rühren braun und krümelig braten. Am Ende das Kohlrabigrün zugeben und kurz mitbraten.

4. Kohlrabi mit dem Hackfleisch mischen und in eine gefettete, flache Auflaufform geben, andrücken. Milch mit Salz, Pfeffer, Muskat und abgeriebener Zitronenschale würzen und darübergießen. Gratin im Ofen auf der mittleren Schiene 40 Minuten backen.

Variante: *Sie können die Hälfte Kohlrabi durch Kartoffeln ersetzen – dann etwas mehr Milch zugeben.*

Roastbeefröllchen mit Zucchini-Meerrettich-Füllung

⊠ 20 Minuten
⊞ 117 kcal pro Portion

1. Zucchini waschen, putzen und in feine Stifte schneiden oder hobeln. Zitrone heiß waschen, Schale abreiben sowie den Saft auspressen.

2. Den Apfel ebenfalls waschen und mit Zitronensaft und -schale fein pürieren, mit Sojarahm, Meerrettich und Mandeln mischen sowie mit Salz und Pfeffer abschmecken.

3. Roastbeefstreifen auf eine Arbeitsfläche geben, leicht salzen und pfeffern. Die Creme auf den Scheiben verstreichen, quer zur Fleischfaser mit Zucchinistreifen belegen und aufrollen.

Pro Portion: 13 g E, 5 g Kh, 5 g F

Info: *Soja und Mandeln statt Sahne sorgen für gesundes Fett.*

Variante: *Statt Zucchini können Sie auch Rucola oder Chinakohl verwenden. Als Füllung passt dann sehr gut Kürbisquark.*

Für 4 Portionen:

1 kleine Zucchini

½ unbeh. Zitrone

½ Apfel (Cox oder Delicious)

2 EL Sojarahm

2 TL geriebener Meerrettich

2 TL geriebene Mandeln

Salz, Pfeffer

8 Roastbeefscheiben (ca. 150 g)

Falscher Hase
mit buntem Innenleben

Für 4 Portionen:

500 g Kartoffeln
(vorwiegend festkochend)

3 Eier (Gr. M)

2 Brötchen vom Vortag

300 ml Milch

1 rote Paprikaschote
(etwa 150 g)

2 mittelgroße Zwiebeln

½ Bd. glatte Petersilie

600 g gemischtes Hackfleisch

200 g Mais

Salz, Pfeffer

Paprikapulver edelsüß

1 EL mittelscharfer Senf

1 EL Butter

2 EL Semmelbrösel

1. Ofen auf 180 °C (Ober-/Unterhitze) vorheizen. Kartoffeln schälen, würfeln (Kantenlänge etwa 1,5 cm) und mit 2 TL Salz in etwa 400 ml Wasser 5 bis 7 Minuten halbgar kochen. Eier hart kochen und pellen. Die Brötchen in leicht erwärmter Milch etwa 5 Minuten einweichen und etwas zerpflücken. Die Paprika waschen und entkernen, die Zwiebel schälen, beides würfeln. Petersilie waschen, trocken schütteln, Blätter hacken.

2. Hackfleisch mit Salz, Pfeffer und 1 TL Paprikapulver würzen. Mit Paprika, Zwiebel, Mais, Petersilie, Senf und eingeweichten Brötchen gut vermengen, am besten geht das mit den Händen. Salzen und pfeffern.

3. Eine Kasten- oder Auflaufform (1,5 bis 2 l Inhalt) ausbuttern und mit Semmelbröseln ausstreuen. Die Kartoffeln unter die Hackmasse mischen, alternativ in der Form eine Hälfte der Hackmasse bis an den Rand verteilen, die Kartoffelstücke auf das Hack legen. Die ganzen Eier in die Mitte legen, so dass jeder beim Zerteilen davon abbekommt. Das restliche Hackfleisch darübergeben, an den Seiten der Form fest zusammendrücken. Mit Alufolie locker abgedeckt 35 bis 40 Minuten auf der zweiten Schiene von unten im Ofen backen, dann ohne Abdeckung auf der zweiten Schiene von oben 5 bis 10 Minuten knusprig bräunen lassen. In der Form servieren und bei Tisch portionsweise zerteilen.

Pro Portion: 29 g E, 31 g Kh, 18 g F

Geschmorte Kalbsbäckchen mit Sellerie-Apfel-Püree

⏱ 40 Min. + 110 Min.
🔥 475 kcal pro Portion

1. Lassen Sie sich die Bäckchen vom Fleischer zurechtschneiden (parieren). Für das Gericht nutzbar ist nur etwa knapp die Hälfte vom Gesamtgewicht. Das Fleisch der Bäckchen nach dem Parieren etwa doppelt so groß wie Gulaschstücke schneiden.

2. Den Backofen auf 150 °C (Ober-/Unterhitze) vorheizen. Möhren, Zwiebeln, Sellerie und Knoblauchzehen schälen und in kleine Würfel schneiden. Das Gemüse in einem großen Bräter in 2 EL Rapsöl scharf anbraten, erst das Tomatenmark dazugeben, dann den Traubensaft und 500 ml Wasser.

3. Das Fleisch in dem Mehl wenden, in einer großen Pfanne mit 2 EL Rapsöl von allen Seiten anbraten und zu dem Gemüse geben. Den Bräter zugedeckt etwa 2 Stunden im Ofen lassen. Dann das Fleisch herausholen und das Gemüse samt Schmorflüssigkeit mit dem Mixstab pürieren. Bei niedriger Hitze ohne Deckel bis zur gewünschten Konsistenz noch etwas einköcheln lassen, mit Salz und Pfeffer abschmecken.

4. Für das Püree Sellerie, Kartoffeln und Äpfel schälen und würfeln. Mit der Milch, der Sahne und dem Thymianstiel etwa 15 Minuten in einem Topf garen, dabei immer wieder umrühren. Den Thymianstiel herausfischen. Mit Salz und Pfeffer abschmecken und mit einem Handrührer cremig mixen. Dabei je nach gewünschter Konsistenz noch etwas Milch dazugeben.

Pro Portion: 23 g E, 43 g Kh, 18 g F

Info: *Die Bäckchen muss man meist vorbestellen, am besten beim Fleischer. Rinderbeinscheibe gehört zum Standardangebot.*

Für 4 Portionen:

Schmorfleisch

1 kg Kalbs- oder Ochsenbäckchen (oder 750 g Beinscheibe vom Rind)

300 g Möhren

2 mittelgroße Zwiebeln

½ Sellerieknolle

2 Knoblauchzehen

4 EL Rapsöl

2 EL Tomatenmark

300 ml roter Traubensaft

2–3 EL Mehl

Salz, Pfeffer

Selleriepüree

1 mittelgroße Sellerieknolle

250 g Kartoffeln, vorwiegend festkochend

2 grüne Äpfel

300 ml Milch

100 g Sahne

1 Stiel frischer Thymian

⊠ 30 Min. + 1 Std.
⊡ 367 kcal pro Portion

Für 4 Portionen:

300 g Zwiebeln

600 g Rote Bete (frisch)

600 g Rindergulasch

2 EL Rapsöl

½ TL Fenchelsamen

Salz, Pfeffer

200 ml Rotwein

2 EL Sojacreme (oder Sahne)

1 Stück frische Meerrettichwurzel
oder 1 EL Meerrettich
aus dem Glas

Rinder-Rote-Bete-Topf

1. Zwiebeln schälen, halbieren und in dünne Streifen schneiden. Rote Bete ebenfalls waschen, schälen und in etwa 1,5 cm große Würfel teilen. Die Fleischstücke sollten eine Größe von etwa 2 bis 3 cm haben.

2. In einem Schmortopf Öl erhitzen und darin Fenchelsamen, Zwiebeln und Rote Bete anbraten. Dann das Fleisch zugeben und braten, bis es keine rohen Stellen mehr hat. Mit Salz und Pfeffer würzen und zugedeckt etwa 1 Stunde schmoren lassen.

3. Sobald die Flüssigkeit verdunstet ist und das Fleisch anzusetzen droht, mit Rotwein ablöschen. Wenn das Fleisch mürbe und die Rote Bete gar ist, Sojacreme und so viel Wasser zugeben, dass eine saucige Konsistenz entsteht, abschmecken. Den Meerrettich schälen und über das Gericht hobeln. Dazu passen Kartoffeln.

Pro Portion: 34 g E, 18 g Kh, 14 g F

Variante: *Statt Fenchel passt auch Kümmel, statt Rotwein Wasser und zum Säuern ein Schuss Rotwein- oder Balsamessig. Sie können das Gericht am Ende auch mit fein gehackten Cornichons abschmecken.*

Schmortopf Mont Ventoux

1. Fleisch von dem Fett, aber nicht den Sehnen befreien, würfeln (etwa 3 cm Kantenlänge). Zwiebeln sehr klein schneiden, ohne Fett oder zusätzliche Flüssigkeit in einen Topf (2 bis 2,5 l Inhalt) geben. Fleisch, Lorbeerblatt und Thymian zufügen. Alles kräftig salzen und pfeffern, dann ohne Rühren oder Bräunen bei niedriger Hitze zugedeckt garen. Das dauert je nach Fleischqualität und gewünschtem Biss 1,5 bis 3 Stunden.

2. Inzwischen den Wein in einem kleinen Topf offen sirupähnlich einkochen. Das dauert etwa 30 Minuten.

3. Wenn das Fleisch die gewünschte Konsistenz fast erreicht hat, Möhren und Kartoffeln schälen und würfeln (etwa 2 cm Kantenlänge). Zuerst die Möhren mit Oliven in den Topf geben, 5 Minuten später auch die Kartoffeln. Zugedeckt noch etwa 10 Minuten garen, den eingekochten Wein untermischen. Mit Salz und Pfeffer, eventuell Sardellenpaste abschmecken. Aromatischer und runder wird die Sauce, wenn man noch 2 EL Butter oder Olivenöl untermischt.

Pro Portion: 46 g E, 23 g Kh, 27 g F

Info: *Rinderhesse sollte pro Kilo möglichst nur 200 g Knochen haben. Sie können sie mitschmoren und herausfischen oder mit Suppengrün zu einer Brühe aufkochen.*

Für 4 Portionen:

1 kg Rinderhesse mit wenig Knochen (Beinscheibe aus der Unterkeule)

500 g Gemüsezwiebeln

1 Lorbeerblatt

1 EL getrockneter Thymian

500 ml kräftiger Rotwein, möglichst 14 Vol.-%

300 g Möhren

300 g Kartoffeln

50 g gekräuterte schwarze Oliven

1 TL Sardellenpaste (optional)

2 EL Butter oder Olivenöl (optional)

Salz, Pfeffer

Lauchcreme mit Thymianhack

Für 4 Portionen:

2 Stangen Lauch

300 g Kartoffeln
(vorwiegend festkochend)

300 g Rinderhackfleisch

50 g magere Speckwürfel

2–3 EL Rapsöl

1 Bd. Thymian
(oder 1 TL getrockneter)

Paprikapulver edelsüß

500 ml Brühe (Instant)

100 g Sahne (oder 100 ml Milch)

250 g Kräuterschmelzkäse

50 g Parmesan

½ Bd. glatte Petersilie

Salz

1. Wurzelansatz und dunkle Blätter vom Lauch abschneiden, den Rest gründlich waschen und in dünne Ringe schneiden. Kartoffeln schälen und würfeln (Kantenlänge etwa 1,5 cm). Hackfleisch und Speck in einem Topf mit 2 EL Rapsöl scharf anbraten, etwa 4 bis 6 Minuten. Eine Hälfte der Lauchringe, Thymian und 1 TL Paprikapulver weitere 3 bis 5 Minuten mit anrösten, es darf ruhig bräunen. Kartoffelwürfel kurz mitrösten.

2. Brühe, Sahne, Schmelzkäse und Parmesan dazugeben, gut umrühren und bei leicht schräg aufgelegtem Deckel 25 bis 30 Minuten köcheln, dabei immer mal wieder umrühren. Abschmecken.

3. Petersilie waschen, trocken schütteln, die Blätter hacken. Die andere Hälfte der Lauchringe mit der gehackten Petersilie in 1 EL Öl 2 bis 4 Minuten anrösten und vor dem Servieren über die Suppe geben.

Pro Portion: 23 g E, 13 g Kh, 27 g F

Orient-Ragout mit Kichererbsen

🔁 50 Min. + 100 Min.
🔁 290 kcal pro Portion

1. Das Fleisch in gulaschgroße Würfel schneiden, mit 2 TL Ras el-Hanout vermengen. Die Zwiebeln häuten und in Stücke schneiden, wenn ganz kleine mitessen, am besten fein würfeln. Zwei Drittel davon in einem großen Bräter mit 2 EL Olivenöl etwa 2 Minuten anbraten. Das Fleisch dazugeben, etwa 5 Minuten mitbraten – es muss nicht rundherum kross werden. Das Fleisch salzen, pfeffern, die Säfte und die Brühe dazugießen. Bei leicht geöffnetem Deckel und kleinster Hitze etwa 2 Stunden schmoren lassen. Wenn die Flüssigkeit dabei stark einkocht, einfach ein wenig Wasser nachgießen.

2. Kichererbsen abtropfen lassen, dabei etwas Flüssigkeit auffangen. Die Kräuter waschen, trocken schütteln und in feine Streifen schneiden. Die Paprikaschoten entkernen und in feine Streifen oder Würfel, die Knoblauchzehen in dünne Scheiben schneiden.

3. Etwa 20 Minuten, bevor das Fleisch fertig ist, die Paprika, Kräuter und Knoblauch mit den restlichen Zwiebeln in 2 bis 3 EL Olivenöl scharf anbraten, salzen und pfeffern. Kichererbsen und 2 EL Zitronensaft dazugeben, eventuell etwas Abtropfflüssigkeit. Erhitzen und mit 1 EL Butter, Pfeffer und Salz abschmecken, die Kräuter darüberstreuen und als Beilage zum Fleisch servieren. Dazu schmeckt griechischer Joghurt und knuspriges Fladenbrot – einfach leicht mit Wasser benetzt 7 Minuten bei 200 °C aufbacken.

Pro Portion: 1 g E, 15 g Kh, 15 g F

Info: *Hier geben Fruchtsäfte anstelle von Wein eine spezielle Geschmacksnote. Die nordafrikanische Gewürzmischung Ras el-Hanout bekommen Sie meist in türkischen Läden oder über das Internet.*

Für 4 Portionen:

1 kg Rindernacken (oder anderes leicht durchwachsenes Fleisch)

2 TL Ras el-Hanout

6 mittelgroße Zwiebeln

5 EL Olivenöl

100 ml roter Traubensaft

100 ml Birnensaft

500 ml Brühe (Instant)

2 große Dosen Kichererbsen (je 480 g Abtropfgewicht)

½ Bd. Koriander (oder Petersilie)

2 rote Paprikaschoten (etwa 350 g)

2 Knoblauchzehen

1 EL Zitronensaft

1 EL Butter

Salz, Pfeffer

⏱ 35 Minuten
🔥 371 kcal pro Portion

Chili con Carne

Für 2 Portionen:

- 1 große Zwiebel
- 2 Knoblauchzehen
- 1 grüne Paprikaschote
- 1 Chilischote
- 500 g Tomaten
- 2 EL Rapsöl
- 100 g Rindergehacktes
- Salz, Pfeffer
- 200 g Mais (Dose)
- 30 g Oliven, schwarz
- Tabascosauce
- ½ Bd. Koriandergrün

Pro Portion: 18 g E, 27 g Kh, 21 g F

1. Zwiebel und Knoblauch schälen und fein hacken. Paprika waschen, entstielen und entkernen. In grobe Würfel schneiden. Chilischote waschen, Stiel und Kerne entfernen und sehr fein hacken. Tomaten mit heißem Wasser überbrühen, Stielansätze entfernen, häuten und fein hacken.

2. Das Öl in einem Topf erhitzen und die Zwiebel darin glasig dünsten. Hackfleisch hinzufügen, salzen, pfeffern und alles unter Rühren braun braten. Nach ca. 3 bis 4 Minuten die Paprikawürfel hineingeben und kurz mitbraten.

3. Tomaten, Knoblauch, Chili, Mais und Oliven zugeben. Bei schwacher Hitze 10 Minuten im geschlossenen Topf köcheln lassen. Bei Bedarf etwas Wasser dazugeben. Mit Salz, Pfeffer und Tabasco abschmecken.

4. Inzwischen den Koriander waschen, Blättchen abzupfen, hacken und zugeben. Chili con Carne mit Brot servieren.

Tipp: *Wenn Sie Chilischoten verarbeiten, empfiehlt es sich, Küchenhandschuhe zu tragen. Der Kontakt mit Augen oder empfindlicher Haut kann unangenehm sein.*

⏱ 30 Min. + 10 Min.

🍴 366 kcal pro Portion

Köfte-Spieße für den Grill

1. Den Koriander waschen, die Blättchen abzupfen und grob mit einem Messer hacken. Zwiebel und Knoblauch schälen und fein hacken. Die Aubergine waschen, putzen und den Stiel entfernen. Frucht quer in 1 cm dünne Scheiben schneiden.

2. Die Auberginenscheiben in einer Pfanne mit heißem Öl von beiden Seiten hellbraun braten. Abkühlen lassen und anschließend fein hacken.

3. Kartoffel schälen und mit einer Küchenreibe mittelfein raspeln. Mit Koriander, Zwiebel, Knoblauch, Aubergine, Semmelbrösel, Rinderhackfleisch, Ei und Quark mischen. Alles mit Salz, Pfeffer und Kreuzkümmel abschmecken.

4. Den Fleischteig in 6 Portionen teilen. Mit feuchten Händen die Masse rund um einen Grillspieß drücken. Von allen Seiten grillen, bis sie schön braun sind.

Tipp: *Hält am besten auf Holz- oder Bambusspießen. Die überstehenden Holzenden mit Alufolie umwickeln, dann verkohlen sie nicht.*

Für 2 Portionen:
½ Bd. Koriandergrün
1 Zwiebel
1 Knoblauchzehe
100 g Aubergine
2 EL Rapsöl
1 Kartoffel (100 g)
20 g Semmelbrösel
100 g Rinderhackfleisch
1 Ei
2 EL Magerquark
Salz, Pfeffer
½ TL Kreuzkümmel

Pro Portion: 21 g E, 21 g Kh, 22 g F

⏱ 35 Min. + 90 Min.
🔥 387 kcal pro Portion

Gefüllte Kalbsbrust

Für 4 Portionen:

250 g Kartoffeln (mehligkochend)

1 Zwiebel

1 kleine Möhre (ca. 50 g)

1 Stück Knollensellerie (ca. 150 g)

½ Bd. Petersilie

½ Bd. Schnittlauch

250 g Tomaten

1 Ei

30 g Maismehl

Salz, Pfeffer, Muskatnuss

650 g Kalbsbrust vom Metzger zum Füllen vorbereitet (gut 1 kg mit Knochen)

50 ml süße Sahne

1. Kartoffeln in wenig Wasser garen, pellen, durch die Kartoffelpresse drücken und ausdampfen lassen. Zwiebeln schälen und sehr fein hacken. Möhre und Sellerie waschen und grob raspeln. Kräuter waschen, Petersilie von den Stielen zupfen und hacken, Schnittlauch in Röllchen schneiden. Die Tomaten mit kochendem Wasser überbrühen, kalt abschrecken und häuten. Haut, Kerne und Saft auffangen, das Fruchtfleisch würfeln.

2. Kartoffeln, Eier, Mehl und Gewürze behutsam für die Füllung mischen. Die Hälfte der Kräuter und die Tomatenwürfel unterziehen. Backofen auf 220 °C vorheizen.

3. Den Braten rundherum mit Salz und Pfeffer einreiben. Die Füllung in die Fleischtasche drücken und die Öffnung mit Rouladennadeln zustecken. Fleisch in einen Bräter legen, 100 ml kochendes Wasser zugießen, Zwiebelwürfel, Möhren- und Sellerieraspel, Tomatenreste mit der Schale und Knochen um den Braten verteilen. Zudeckt 15 Minuten im heißen Ofen braten. Ofen auf 180 °C herunterschalten und den Braten offen ca. 1 ½ Stunde schmoren. Wird er braun, wenden. Die Zwiebeln und Knochen sollten ebenfalls braun werden. Falls der Fond anbrennt, etwas Wasser zugeben.

4. Braten aus dem Bräter heben, in Alufolie wickeln. Sollte der Fond nicht ausreichend angesetzt haben, so entfernen Sie die Knochen und erhitzen ihn kurz auf dem Herd, bis er bräunt. Dann den Fond mit etwas Wasser loskochen und das Gemüse mit dem Pürierstab zermusen. So viel Wasser zugeben, dass eine soßige Konsistenz entsteht. Mit Sahne und restlichen Kräutern abschmecken, eventuell nachwürzen.

Pro Portion: 28 g E, 16 g Kh, 23 g F

Lebernockerln

1. Die Brötchen in Scheiben oder Würfel schneiden, mit der heißen Milch beträufeln und zugedeckt 15 Minuten einweichen. Die Zwiebel würfeln, in der Butter weich dünsten, am Ende die gehackte Petersilie mitdünsten.

2. Die Leber durch die feine Scheibe des Fleischwolfs drehen, auch die gedünstete Zwiebel mit der Petersilie und am Ende die ausgedrückten Brötchen durchlaufen lassen. Alles mit den Eiern vermischen, dabei mit Salz, Pfeffer, Worcestershiresauce und Zitronenschale sowie einer ordentlichen Prise Cayennepfeffer würzen.

3. Die Masse einige Minuten quellen lassen, dann mit zwei Teelöffeln ein Probenockerl herstellen und in Salzwasser gar ziehen lassen. Löst es sich auf, etwas Semmelbrösel in die Masse mengen.

4. Zum Pochieren, wie der Fachmann zum langsamen Garziehen ohne zu kochen sagt, einen weiten, großen Topf nehmen, der den Nockerln genügend Platz bietet. Jeweils einen Teelöffel in heißes Wasser tauchen, dann eine Portion Farce abstechen, mithilfe des zweiten Löffels formen und mitsamt dem Löffel ins heiße Wasser tauchen – einen Moment warten, dann löst sich das Klößchen von selbst.

5. Nach etwa 10 Minuten sind die Nockerln gar. Mit einer Schöpfkelle herausheben und in einer klaren Consommé servieren.

Tipp: *Für den Vorrat die Klößchen abtropfen und abkühlen lassen, auf einer mit Klarsichtfolie bedeckten Platte nebeneinander anfrieren, dann in eine Gefrierbox oder in einen Gefrierbeutel verstauen und luftdicht verschlossen im Gefrierer aufbewahren. So lassen sie sich bei Bedarf einzeln entnehmen.*

Für 4–6 Portionen:
4 altbackene Brötchen
ca. 150 ml Milch
1 Zwiebel
2 EL Butter
1 Bd. Petersilie
300 g Kalbs- oder Rinderleber
2 Eier
Salz, Pfeffer
1 gehäufter EL getrockneter Majoran
Worcestershiresauce
abgeriebene Schale von 1 unbeh. Zitrone
Cayennepfeffer

P. P. (bei 6): 13 g E, 21 g Kh, 8 g F

Sauerbraten mit Rosinen

Für 6–8 Portionen:

250 ml Apfelessig

500 ml Apfelsaft

1 Möhre

1 Zwiebel

1 Petersilienwurzel

1 unbeh. Zitrone

3 Lorbeerblätter

6 Nelken

1,2 kg Rinderschulter

3 EL Öl

Salz, Pfeffer

40 g Pumpernickel

50 Rosinen

100 ml süße Sahne

1–2 EL Honig

Pro Portion: 36 g E, 17 g Kh, 19 g F

1. Apfelessig und -saft mischen. Möhre, Zwiebel und Petersilienwurzel waschen, schälen und grob würfeln. Zitrone in dicke Scheiben schneiden, Schale mit Gewürzen „bestecken", alles zur Marinade geben.

2. Fleisch und Marinade in einen 3-Liter-Gefrierbeutel füllen, Luft herauspressen, mit Clip verschließen und in einer Schüssel in den Kühlschrank stellen. 3 Tage ziehen lassen.

3. Backofen auf 150 °C vorheizen. Fleisch aus der Beize nehmen, den Inhalt der Tüte durch ein Sieb gießen, Marinade auffangen. Fleisch trocken tupfen, salzen und pfeffern.

4. 3 EL Öl im heißen Bräter erhitzen, Fleisch rundherum kräftig anbraten, herausnehmen. Gemüse anschmoren, salzen und pfeffern. Wenn es beginnt anzusetzen, Fleisch mit der Hälfte Marinade und Gewürzen zugeben. Alles geschlossen im Ofen 2 Stunden schmoren – dabei einmal wenden. Pumpernickelbrösel zufügen und weitere 30 Minuten mitgaren.

5. Rosinen in ½ Tasse heißem Wasser einweichen. Fleisch herausheben, in Alufolie wickeln. Gewürze und Zitrone aus dem Fond fischen. Sauce pürieren, Rosinen samt Wasser zugeben, mit Sahne, Honig, Salz und Pfeffer abschmecken. Braten aufschneiden.

Varianten: *Statt Pumpernickel und Rosinen frische, halbierte und entkernte Weintrauben und 20 g Bitterschokolade oder Saucen- lebkuchen verwenden.*

Frikadellen mit Sardellen zu Spinat und Püree

⏲ 30 Minuten
🔥 1060 kcal pro Portion

1. Geschälte und klein geschnittene Kartoffeln in kaltem Salzwasser aufsetzen und etwa 15 Minuten kochen. Das Brötchen zerreißen und in 100 ml Milch einweichen.

2. Geschälten Knoblauch und Sardellen klein hacken, mit der Petersilie zum Hackfleisch geben, vermengen. Das Brötchen leicht ausdrücken und mit Eigelb, Salz, Pfeffer und Parmesan unter die Hackfleischmasse geben. Masse mit den Händen vermengen und zu 12 Frikadellen formen. In den Semmelbröseln wenden und in einer heißen Pfanne im Olivenöl 2 Minuten scharf von allen Seiten anbraten. Hitze stark reduzieren und die Frikadellen abgedeckt 10 Minuten zu Ende garen.

3. Weitere 150 ml Milch erwärmen. Die gar gekochten Kartoffeln abgießen, 1 EL Butter, Salz und Pfeffer dazugeben, eine ordentliche Prise Muskat darüberreiben, mit einem Stampfer zerkleinern. Erwärmte Milch dazu und alles mit einem Mixer luftig schlagen. Deckel drauf, zur Seite stellen.

4. Einen Topf mit Salzwasser aufsetzen. Frischen Spinat waschen, grobe Stiele entfernen und 2 Minuten in Salzwasser kochen. 4 EL Butter in einer Pfanne zerlassen. Spinat mit einer Schaumkelle aus dem Wasser holen. Den blanchierten beziehungsweise aufgetauten TK-Spinat in die Butterpfanne geben, durchschwenken, mit Salz und Pfeffer abschmecken. Fertig.

Pro Portion: 51 g E, 55 g Kh, 67 g F

Für 2 Portionen:

600 g Kartoffeln (mehligkochend)
½ Brötchen vom Vortag
250 ml Milch
1 Knoblauchzehe
3 Sardellenfilets (abgespült)
2 EL Petersilie, gehackt
300 g Rinderhackfleisch
1 Eigelb
Salz, Pfeffer
2 EL Parmesan, gerieben
30 g Semmelbrösel
1 EL Olivenöl
5 EL Butter
Muskat
400 g frischer oder 150 g aufgetauter TK-Spinat

Sauerbraten in Granatapfelsauce

Für 4 Portionen:

1 Möhre

1 Stück Sellerie

2 Zwiebeln

1 unbeh. Orange

500 ml reiner Granatapfelsaft

2 Lorbeerblätter

2 Nelken

1 kg Rinderschulter

Salz, Pfeffer

3 EL Rapsöl

gem. Zimt

1 Granatapfel

1–2 EL Mehl

Balsamico

brauner Rohrzucker

1. Möhre und Sellerie waschen, mit den Zwiebeln schälen, in grobe Würfel schneiden. Orangen waschen und in Scheiben schneiden. Einen Gefrierbeutel in eine große Schüssel stellen. Gemüse mit dem Saft, Lorbeer, Nelken und Fleischstück hineingeben. Den Beutel so eng schließen, dass kein Luftraum bleibt und das Fleisch von der Marinade umgeben ist. Beutel mit einem Clip schließen und 3 bis 5 Tage im Kühlschrank ziehen lassen.

2. Backofen auf 150 °C vorheizen. Fleisch aus der Beize nehmen, den Inhalt der Tüte durch ein Sieb gießen, Marinade auffangen. Fleisch trocken tupfen und rundherum kräftig salzen und pfeffern.

3. In einem Bräter im heißen Öl rundherum kräftig anbraten, herausnehmen und die Gemüsewürfel aus der Marinade zugeben, so lange schmoren bis sie beginnen anzusetzen. Mit der Marinade ablöschen, Orangenscheiben, Gewürze und etwas Zimt zufügen und alles geschlossen im Backofen etwa 2 Stunden schmoren.

4. Granatapfel halbieren, die Kerne herausdrücken. Fleisch, Gewürze und Orangenscheiben aus dem Bräter nehmen und das Gemüse mit dem Pürierstab fein pürieren. Mehl mit etwas Wasser anrühren, unterschlagen. Sauce mit Balsamessig und Zucker abschmecken. Fleisch wieder dazugeben und nochmals 20 Minuten schmoren. Granatapfelkerne zur Sauce geben, das Fleisch aufschneiden und in der Sauce servieren. Dazu passen Kartoffelklöße oder Nudeln und Rotkraut.

Pro Portion: 36 g E, 25 g Kh, 15 g F

Steaksstreifen mit Champignons und grünem Pfeffer

1. Ofen auf 50 °C (Ober-/Unterhitze) vorheizen. Das Fleisch erst in sehr dünne Scheiben, dann in Streifen schneiden – etwa wie dünne Bandnudeln. Champignons trocken abbürsten, Stiele abschneiden, beiseitelegen. Sehr frische Pilze ganz verwenden.

2. Zwei Drittel der Champignonköpfe halbieren. In einer großen Pfanne mit 1 EL Öl 2 Minuten scharf anbraten, ohne dass sie schrumpfen. In einer feuerfesten Form im Ofen warm stellen.

3. Noch 1 EL Öl in dieselbe Pfanne geben und die Steaksstreifen mindestens 5 Minuten scharf anbraten, Hitze herunterschalten, abgedeckt 15 bis 20 Minuten weiter garen lassen, nach Wunsch auch mehr. Zu den Pilzen geben.

4. Geschälte Zwiebel, restliche Pilzköpfe und eventuell die Stiele klein hacken. Mit dem restlichen Öl in der Pfanne anbraten, salzen, pfeffern, bei niedriger Hitze zugedeckt 5 Minuten garen.

5. Bratensatz mit Weißwein (oder Brühe) ablöschen, Crème fraîche, grünen Pfeffer, die Steaksstreifen und Pilze aus dem Ofen dazugeben, erhitzen. Eventuell 100 ml Wasser mit 1 TL Stärke gemischt unterrühren. Alles kurz aufkochen und abschmecken. Nach Belieben warm halten. Dazu schmecken Baguette, Polenta oder rohe Bratkartoffeln.

Für 4 Portionen:

500 g Rinderhüftsteak

400 g braune Champignons

3 EL Olivenöl

1 mittlere Zwiebel

4 EL Weißwein (oder Brühe)

150 ml Crème fraîche

1–2 TL grüner Pfeffer in Lake

1 TL Stärke (optional)

Salz, Pfeffer

Pro Portion: 30 g E, 4 g Kh, 26 g F

Fruchtiges Leberragout

Für 4 Portionen:

400 g Leber

Salz, Pfeffer

1 EL Mehl

2 Zwiebeln

2 Äpfel

3 EL Rapsöl

3 Zweige Thymian

100 ml Cidre

100 ml Sahne

1. Leber in Streifen schneiden, pfeffern und mit dem Mehl bestäuben. Zwiebeln schälen und fein würfeln. Äpfel waschen, vierteln, das Kerngehäuse entfernen und in kleine Stücke schneiden.

2. 2 EL Öl in einer Pfanne erhitzen und die Leber mit den Thymianzweigen rundherum kräftig anbraten, mit Salz abschmecken, herausnehmen und in Alufolie wickeln.

3. Restliches Öl in der Pfanne erhitzen und die Zwiebelwürfel glasig andünsten. Die Apfelstücke zugeben und 2 Minuten mitdünsten. Den Cidre angießen und etwas einköcheln lassen.

4. Leber wieder dazugeben und die Sahne einrühren. Zum Schluss mit Salz und Pfeffer abschmecken. Übrigen Thymian vom Zweig streifen und darüberstreuen.

Pro Portion: 22 g E, 20 g Kh, 21 g F

Dazu passt: *Kartoffelpüree.*

Tipp: *Schmeckt auch mit Salbei statt Thymian.*

☒ 20 Minuten
☒ 715 kcal pro Portion

Piccata Milanese

1. Geschälte Knoblauchzehen in 2 EL Olivenöl anrösten. Tomaten dazugeben und mit Salz, Pfeffer und 1 Prise Zucker würzen. Bei mittlerer Hitze leise köcheln lassen.

2. Wasser im Wasserkocher vorkochen. Spaghetti in reichlich kochendem Salzwasser nach Packungsangabe al dente kochen.

3. In einer großen Pfanne Butterschmalz schmelzen. Eier in einen Teller geben, je eine Prise Salz und Pfeffer dazu, mit einer Gabel ordentlich vermengen und den Pecorino dazugeben. Kalbsschnitzel erst in etwas Mehl wenden und dann durch die Ei-Pecorino-Masse ziehen, bis sie vollständig von ihr umschlossen sind. In der heißen Pfanne bei mittlerer Hitze von jeder Seite 3 bis 4 Minuten braten.

4. Basilikum zu den Tomaten geben, dann 2 EL der Sauce unter die abgegossene Pasta heben. Nudeln mit der Tomatensauce und den Piccatas anrichten.

Pro Portion: 45 g E, 65 g Kh, 29 g F

Für 4 Portionen:

2 Knoblauchzehen

2 EL Olivenöl

3 kleine Dosen gehackte Tomaten (je 400 g)

Salz, Pfeffer, Zucker

10–12 EL Basilikum, gehackt

300 g Spaghetti

4 EL Butterschmalz

2 große Eier

4 EL Pecorino, frisch gerieben

500 g Kalbsschnitzel, in 8 Scheiben geschnitten

6 EL Mehl

Für 4 Portionen:

50 ml Balsamicoessig

250 ml trockener Rotwein

6 Wachholderbeeren

1 Zweig Thymian

2–3 Lorbeerblätter

Salz, Pfeffer

800 g geschnetzeltes Rindfleisch
(Rouladenfleisch
oder Schmorbraten)

500 g Champignons

3 Gewürzgurken

3 EL Öl

2–3 EL Perlzwiebeln

100 ml Schmand

Rindergeschnetzeltes

1. Essig, Wein und Gewürze in einer Schüssel mischen. Das Fleisch zur Marinade geben, gut vermischen und über Nacht im Kühlschrank marinieren.

2. Champignons putzen und vierteln. Gewürzgurken würfeln.

3. Das Öl in einem Bräter erhitzen. Das Fleisch aus der Marinade nehmen, abtropfen lassen oder mit einem Küchenpapier abtupfen und zugeben. Kräftig anbraten, bis es ansetzt, salzen und pfeffern, anschließend herausnehmen.

4. Champignons in den Bräter geben und kurz anbraten, dann 100 ml Marinade angießen und einkochen lassen. Das Fleisch wieder zugeben und die restliche Marinade angießen. Alles 75 Minuten bei kleiner Hitze schmoren lassen.

5. Zum Schluss die Gewürzgurken und Perlzwiebeln unter das Fleisch mischen und den Schmand einrühren. Sämig einkochen lassen. Nochmals mit Salz und Pfeffer abschmecken.

Pro Portion: 44 g E, 5 g Kh, 34 g F

Weißkohl und Hackfleisch mit frischer Pasta

1. Wasser im Wasserkocher vorkochen und mit Salz in einen Topf geben. Darin Pasta al dente garen.

2. Den Weißkohl in hauchfeine Streifen schneiden, Zwiebel und Knoblauch schälen und klein schneiden.

3. In einer Pfanne 1 EL Olivenöl erhitzen und darin das Hackfleisch scharf anbraten. In einer zweiten Pfanne das restliche Olivenöl erhitzen und Zwiebel, Knoblauch und Weißkohl scharf anbraten. Dabei mehrfach umrühren. Der Kohl soll wie das Fleisch von allen Seiten schön knusprig braun gebraten sein. Alles mit Salz und Pfeffer würzen. Zum Kohlgemüse eine Prise Zucker geben.

4. Jetzt das Hackfleisch mit dem Kohlgemüse vermischen, gut durchschwenken und mit der Brühe ablöschen. Noch mal abschmecken, die Pasta unter das Hackfleisch-Kohlgemüse heben, mit der Petersilie und dem Parmesan bestreuen und sofort servieren.

Für 2 Portionen:

250 g frische Pasta (Penne oder andere kurze Nudeln)

200 g Weißkohl

1 Zwiebel

2 Knoblauchzehen

2–3 EL Olivenöl

250 g gemischtes Hackfleisch

Salz, Pfeffer, Zucker

100 ml Fleischbrühe

1 EL Petersilie, gehackt

4 EL Parmesan, fein gerieben

Pro Portion: 47 g E, 73 g Kh, 43 g F

⏱ 30 Min. + 2,5 Std.
🔥 580 kcal pro Portion

Ochsenbäckchen mit Honigmöhren

Für 4 Portionen:

800 – 1000 g Ochsenbäckchen, ausgelöst (etwa 1,5 kg Gesamtgewicht)
1 EL Öl
2 Bd. Suppengrün
1 EL Butter
500 ml Rotwein
100 ml Portwein
2 EL Tomatenmark
3 EL dunkler Balsamico
5 Knoblauchzehen
1 Bouquet Garni (siehe unten)
1 l Brühe
40 g Butter
5 g sehr dunkle Schokolade
Currypulver (optional)
Salz, Pfeffer

Pro Portion: 52 g E, 11 g Kh, 31 g F

1. Lassen Sie die Ochsenbäckchen vom Fleischer zurechtschneiden (parieren) und wie Rollbraten schnüren (Rinderbeinscheibe in gulaschgroße Stücke schneiden). Das Fleisch mit 1 EL Öl 10 Minuten scharf anbraten, dann in einen Schmortopf geben.

2. In derselben Pfanne das in Stücke geschnittene Suppengrün mit 1 EL Butter 5 bis 10 Minuten andünsten zusammen mit Wein, Portwein, Tomatenmark, Balsamico, 4 Knoblauchzehen mit Schale (leicht angequetscht) und Bouquet garni zum Fleisch in den Ofen geben. Mit 1 l Brühe auffüllen. Bei niedriger Hitze oder im Ofen zugedeckt 2,5 bis 3 Stunden köcheln lassen, je nachdem wie weich das Fleisch werden soll.

3. Zum Servieren die Fäden vom Fleisch entfernen, in daumendicke Scheiben schneiden und warm halten. Den restlichen Inhalt des Schmortopfs durch einen Durchschlag in einen Topf abgießen. Dabei ein Handtuch zwischen Topf und Durchschlag halten. Die Gemüsereste im Durchschlag wegwerfen.

4. Aufgefangene Flüssigkeit auf 200 ml einkochen. 40 g kalte Butter in kleinen Stücken unterrühren, Schokolade hineinreiben, dazu eventuell etwas Curry. Aus einer geschälten Knoblauchzehe mit den Gabelzinken Saft in die Sauce pressen, mit Salz und Pfeffer abschmecken. Die Sauce zum Fleisch servieren.

5. Als Beilage: Je 1 EL Butter und Honig schmelzen, 500 g Möhren in Stücken darin mit 3 EL Wasser bei kleiner Hitze zugedeckt 5 Minuten bissfest garen.

Bouquet garni: *Ein Lorbeerblatt sowie Petersilienstiele, Thymian und Pfefferkörner auf einen Teil eines breiten grünen Lauchblatts geben, das andere Ende darüberlegen, zu einem Päckchen zusammenfalten und mit Küchengarn fest verschnüren. Um die Köchelbeigabe vor dem Essen herauszufischen, bindet man alles wie einen Strauß zusammen oder steckt es in ein Säckchen.*

25 Min. + 4 Std.
359 kcal pro Portion

Ochsenschwanzragout

1. Möhre und Sellerie waschen und wie Zwiebeln und Knoblauch schälen und würfeln. Lauch aufschlitzen, waschen und in Ringe schneiden.

2. Fleisch salzen und pfeffern. In einem Schmortopf im heißen Öl anbraten, das Gemüse und das Lorbeerblatt zugeben und kurz mitschmoren.

3. Backofen auf 180 °C vorheizen. Gemüse mit Rotwein und 250 ml Wasser angießen. Im Ofen 3 Stunden schmoren. Dann 1 Stunde bei abgeschaltetem Ofen nachziehen lassen. Flüssigkeit abgießen. Zum Entfetten kühl stellen.

4. Fleisch vom Knochen lösen und in kleine Stücke schneiden. Gemüse durch ein Sieb streichen und mit dem entfetteten Jus mischen. Einkochen, bis der Fond gut würzig ist.

5. Pilze säubern und halbieren. In Butter anbraten, salzen und pfeffern. Madeira zugießen und gar dünsten. Mit Fleisch und Fond mischen.

Pro Portion: 25 g E, 11 g Kh, 15 g F

Für 4 Portionen:

- 1 Bd. Suppengrün
- 3 Zwiebeln
- 1 Knoblauchzehe
- 1 kg Ochsenschwanz (in Stücken)
- Pfeffer, Salz
- 2 EL Öl,
- 1 Lorbeerblatt
- 300 ml Rotwein
- 400 g Pilze (z. B. Steinchampignons)
- 1 EL Butter
- 100 ml Madeira

Das perfekte Rindersteak

Für 2 Portionen:

1 dickes Steak
aus der Rinderlende
(möglichst mit Fettschicht)
von ca. 400–500 g

Salz, Pfeffer

zum Servieren

Salz (Fleur de sel)

Olivenöl

Pro Portion: 39 g E, 0 g Kh, 25 g F

1. Zum Braten das Fleisch 2 Stunden vorher aus dem Kühlschrank holen, auspacken, damit es atmen kann und Zimmertemperatur annimmt.

2. Die leere Pfanne so stark erhitzen, dass die Handfläche, die man in 10 cm Abstand darüber hält, die Hitze deutlich spürt.

3. Etwas Salz auf die Fläche streuen, auf der das Fleisch nun zu liegen kommt. Heiß werden lassen.

4. Das Steak sorgfältig abtrocknen und auf das Salz betten. Eine knappe Minute auf dieser und eine noch knappere Minute auf der anderen Seite braten. Mit einer gusseisernen Pfanne, die die Hitze lange hält, kann man beim Wenden bereits den Herd ausschalten.

5. Das Steak auf ein ausreichend großes Stück Alufolie setzen, die Folie hochnehmen, das Päckchen oben offen lassen, und zum Nachziehen für 20 bis 30 Minuten in den 90 (Heißluft) bis 100 °C (Ober- und Unterhitze) warmen Ofen legen.

6. Zum Servieren das Fleisch mit einem scharfen Messer schräg – auf den Faserverlauf achten! – in dünne Scheiben schneiden. Auf vorgewärmten Tellern anrichten, mit Fleur de sel bestreuen. Etwas frisches, rohes Olivenöl darüberträufeln. Dazu knusprig aufgebackenes Weißbrot und einen kleinen Salat (beispielsweise Tomate mit Rucola oder verschiedene Blätter und Kräuter gemischt) servieren. Und einen kräftigen, saftigen Rotwein!

Tipp: *Wenn man das Fleisch nicht sofort zubereiten möchte, nach dem Einkauf aus dem Papier nehmen, mit Küchenkrepp sauber wischen, auf beiden Seiten mit etwas grob gemahlenem Pfeffer bestreuen, mit Olivenöl rundum einreiben. Einen Rosmarinzweig, ein Lorbeerblatt und eine längs halbierte Chilischote darauf betten und das ganze Stück fest in Klarsichtfolie wickeln. So verpackt kann man das Steak am kältesten Ort im Kühlschrank drei, vier Tage aufbewahren.*

⊠ 20 Min. + 2,5 Std.
⊠ 318 kcal pro Portion

Zwiebelfleisch

Für 6 Portionen:

1 kg Zwiebeln

4 EL Öl oder Schmalz

3 EL mildes Paprikapulver

1 EL scharfes Paprikapulver

1 kg Rouladenfleisch

Salz, Pfeffer

1. Zwiebeln schälen und würfeln. Öl in einer Pfanne erhitzen, Zwiebel-würfel sowie beide Paprikapulver zugeben und kräftig anbraten, bis die Zwiebeln gebräunt sind.

2. Backofen auf 160 °C vorheizen. Rouladenfleisch mit einem flachen Fleischklopfer etwas flach klopfen und von beiden Seiten salzen und pfeffern.

3. In eine feuerfeste, gefettete Form mit Deckel schichtweise Fleisch und Zwiebeln schichten, bis alles verbraucht ist, mit Zwiebeln abschließen. Im Ofen zugedeckt auf mittlerer Schiene 2 ½ Stunden garen.

Pro Portion: 36 g E, 8 g Kh, 15 g F

Dazu passen: *Brat- oder Stampfkartoffeln.*

⧗ 30 Min. + 10 Min.
⊟ 448 kcal pro Portion

Weißwurst-Obatzda-Spieße für den Grill

1. Kartoffeln gründlich waschen und in wenig Wasser vorgaren. Nicht zu weich werden lassen. Abschrecken und pellen. Die Weißwürste in 1 cm dicke Scheiben schneiden. Den Käse mit einer Gabel cremig zerdrücken und mit dem Paprikapulver vermischen.

2. Zwiebel schälen, halbieren und vierteln. Die einzelnen Zwiebelscheiben voneinander trennen. Paprika waschen, halbieren, entkernen und in Stücke schneiden, die so groß sind wie die Wurstscheiben.

3. Kartoffel quer halbieren, mit Käse füllen. Den übrigen Käse auf Paprika und Zwiebel streichen. Auf die Spieße werden nun abwechselnd Kartoffel, Zwiebel, Paprika und Weißwurst gesteckt. So lange aufspießen, bis alle Zutaten verbraucht sind.

4. Senf mit den übrigen Zutaten für die Marinade vermengen und mit einem Pinsel auf den Spießen verstreichen.

5. Die Spieße ca. 10 Minuten rundherum auf dem heißen Grill braten, dabei drehen.

Für 2 Portionen:

6 kleine Kartoffeln
2 Weißwürste (120 g)
80 g Ofenkäse
1 TL Paprikapulver edelsüß
1 Zwiebel
1 rote Paprika
Marinade
1 EL körniger Senf
Pfeffer, Salz
1 EL Rapsöl

Pro Portion: 21 g E, 24 g Kh, 29 g F

Hamburger mit Möhrenpommes

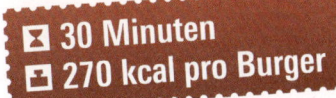

⏱ 30 Minuten

🔥 270 kcal pro Burger

1. Für den Belag den Salat auseinanderzupfen und in einer Salatschleuder waschen. Nach dem Trockenschleudern die Blätter in Stücke, die etwas größer als die Hamburger-Brötchen sind, zerkleinern. Tomate, Gurke und Paprika waschen und in Scheiben beziehungsweise Streifen schneiden. Bei den Tomaten den Stielansatz, bei der Paprika die Kerne herausschneiden.

2. Das Brötchen in Stücke reißen, in eine Schüssel legen, die Milch darübergießen und vollsaugen lassen. Inzwischen die Zwiebeln würfeln.

3. Das vollgesogene Brötchen mit den Fingern über einer Schüssel ausdrücken, bis keine Milch mehr raustropft. In einer Schüssel die Eier, das Fleisch, die Zwiebel, Senf, Salz und Pfeffer dazugeben. Alles gründlich mit den Händen oder einer Gabel durchmischen. Danach mit nassen Händen 8 gleich große Kugeln formen.

4. In einer großen Pfanne 1 EL Rapsöl heiß werden lassen, dann die Kugeln hineinlegen und mit einem Pfannenwender platt drücken. Auf jeder Seite etwa 3 Minuten knusprig braten. Inzwischen die Burger-Brötchen toasten und die Beläge auf den Tisch stellen. So kann jeder seinen eigenen Burger zusammenstellen.

5. Möhrenpommes: Ofen auf 200 °C (Ober-/Unterhitze) vorheizen. Möhren schälen, längs halbieren, bei größeren Hälften noch mal halbieren. In 4 cm lange Stifte schneiden, ähnlich wie Pommes. Mit Rapsöl, Honig und Sojasauce mischen, 15 Minuten ziehen lassen. Auf ein Backblech mit Backpapier legen, 15 bis 20 Minuten auf der zweiten Schiene von oben im Ofen backen.

Pro Burger: 21 g E, 34 g Kh, 6 g F

Für 8 Stück:

Belag

1–2 Salatherzen

1 Paprikaschote

½ Salatgurke

2 Tomaten

1 Packung Käsescheibletten

Hamburger

1 Brötchen vom Vortag

100 ml Milch

2 mittelgroße Zwiebeln

2 Eier

400 g Tatar

1 EL mittelscharfer Senf

1–2 EL Rapsöl

8 Hamburger-Brötchen

Salz, Pfeffer

Möhrenpommes

1 kg Möhren

3 EL Rapsöl

2 EL Honig

1 EL Sojasauce

Für 2 Portionen:

70 g Cornichons aus dem Glas

150 g frische Champignons

1 große Zwiebel

300 g Rinderfiletspitzen (oder Rumpsteak)

Mehl

2–3 EL Butterschmalz

80 ml saure Sahne

100 ml Schlagsahne

1 TL scharfer Senf (z. B. Dijon)

Salz, Pfeffer

1 TL Zitronensaft

3 eingelegte Rote-Bete-Kugeln

6 EL glatte Petersilie, gehackt

Bœuff Stroganoff

1. Cornichons in dünne Scheiben schneiden. Champignons abreiben (nicht waschen) und in Scheiben schneiden. Zwiebel schälen und würfeln.

2. Das Fleisch in dünne Streifen schneiden. Im Mehl leicht wenden und mit 1 EL Butterschmalz in einer sehr heißen Pfanne portionsweise etwa 2 Minuten von allen Seiten scharf anbraten. Das angebratene Fleisch in einer Schüssel in der Nähe vom Herd warm stellen.

3. In der gleichen Pfanne mit 1 EL Butterschmalz die Champignons, Zwiebeln und Cornichons etwa 3 bis 5 Minuten scharf anbraten, mit saurer und süßer Sahne ablöschen, den Senf einrühren, mit Salz und Pfeffer würzen. Das Fleisch dazugeben, kurz heiß werden lassen, aber nicht mehr kochen. Zitronensaft je nach gewünschter Säure dazugeben. Die Hitze wegnehmen.

4. Die Rote Bete in kleine Würfel schneiden und wie die gehackte Petersilie getrennt servieren.

Pro Portion: 39 g E, 15 g Kh, 44 g F

3

SCHWEIN

Orechiette mit Brokkoli, Blumenkohl und Schinken

⏱ 20 Minuten
🍴 405 kcal pro Portion

1. Blumenkohl und Brokkoli waschen, in kleine Röschen teilen. Die Schalotten schälen und klein würfeln, den Schinken etwas größer. Das Gemüse in einer großen Pfanne mit 1 EL Rapsöl 3 bis 5 Minuten scharf anbraten, es kann ruhig etwas bräunen. Die Schinkenwürfel 1 bis 2 Minuten mitrösten. Mit Brühe, Milch und Sahne 3 bis 5 Minuten köcheln lassen. Die Petersilie waschen, trocken schütteln, hacken und zum Gemüse geben, sobald es weich ist.

2. Die Nudeln in etwa 4 l Wasser mit 1 EL Salz bissfest kochen, abgießen und tropfnass zu dem Gemüse in die Pfanne geben. Kurz durchmischen und am besten direkt in der Pfanne servieren. Dazu schmeckt Parmesan oder anderer geriebener Käse wie Gouda.

Pro Portion: 21 g E, 53 g Kh, 10 g F

Für 4 Portionen:

200 g Blumenkohl
200 g Brokkoli
2 Schalotten
200 g Kochschinken, sehr dünn geschnitten
1 EL Rapsöl
200 ml Gemüsebrühe (Instant)
100 ml Milch
100 g Sahne
½ Bd. Petersilie
400 g Orechiette (oder andere kurze Nudeln)
Parmesan oder anderer Käse
Salz

Schweinemedaillons mit Paprika-sauce und Balsamicozwiebeln

Für 4 Portionen:

1 Schweinefilet (ca. 600 g)
2 EL Olivenöl
Salz, Pfeffer
250 g kleine Perlzwiebeln oder Schalotten
1 EL Balsamico
2–3 EL Sherry
1 kleines Bd. Schnittlauch

Sauce

250 g rote Paprika
1 rote Chilischote
1 Zwiebel
2 Knoblauchzehen
2 EL Olivenöl
2 Pimentbeeren
2 Wacholderbeeren
Salz, Pfeffer
ca. 125 ml Brühe
30 g Butter
1 EL Essig

1. Das Filet zunächst sauber parieren, alle Sehnen und Häute entfernen. Dann etwa 2 cm dicke Medaillons quer zur Faser abschneiden, sie ein wenig flach drücken. In einer blanken Pfanne das Öl erhitzen, die Medaillons darin auf beiden Seiten jeweils 1 Minute scharf anbraten, dabei salzen und pfeffern. In Alufolie gewickelt zum Nachziehen warm stellen.

2. Für die Sauce Paprika und Chilischote putzen, entkernen und grob würfeln. Zwiebeln und Knoblauch ebenfalls würfeln. Alles in einer Kasserolle im heißen Öl andünsten. Die Gewürzkörner, Salz und Pfeffer zufügen, Brühe angießen. Zugedeckt auf kleinem Feuer etwa 20 Minuten sanft gar köcheln. Mit dem Mixstab alles fein pürieren, die eiskalte Butter in Stückchen untermixen und die Sauce nochmals abschmecken, Essig hinzufügen.

3. Im Bratfett die gepellten und geviertelten Zwiebelchen anrösten, sofort mit Salz und Pfeffer würzen, nach etwa 5 bis 10 Minuten mit Balsamico und Sherry ablöschen. Einige Minuten schmurgeln lassen, dann anrichten: In die Tellermitte die rote Sauce geben, darauf die Medaillons anrichten und die Zwiebelchen rundum verteilen. Und am Ende fein geschnittene Schnittlauchröllchen darüberstreuen.

Pro Portion: 34 g E, 6 g Kh, 19 g F

Tipp: *Wenn man die Sauce am Ende statt mit Butter mit einem guten Schuss Olivenöl aufmixt, macht sie auch als kalte Grillsauce eine gute Figur.*

Kotelett auf Gemüsebett

1. Zwiebel schälen, halbieren und in feine Würfel schneiden. Fenchel waschen, putzen, Grün entfernen und beiseitelegen. Die Knolle in kleine Würfel schneiden. Koteletts von beiden Seiten mit Salz und Pfeffer bestreuen und mit Senf einstreichen. Das Öl in einer großen Pfanne erhitzen und die Koteletts darin auf jeder Seite ungefähr 2 Minuten kräftig anbraten. Dann herausnehmen und in Alufolie wickeln.

2. Zwiebelwürfel in die Pfanne geben und andünsten. Fenchel zugeben und 10 Minuten mitschmoren. Die Kirschtomaten waschen, halbieren, in die Pfanne geben und weitere 5 Minuten schmoren, bis es etwas eingekocht ist. Fenchelgrün klein hacken und unter das Gemüse mischen. Mit Salz und Pfeffer abschmecken.

3. Die Koteletts wieder in die Pfanne geben und noch mal kurz erwärmen.

Tipp: *Mit dem Knochen gegart schmecken Koteletts kräftiger als ausgelöste oder Steaks. Vor allem der Fond hat mehr Aroma und Körper.*

Varianten: *Am Schluss die Koteletts in der Pfanne mit etwas Mozzarella, Roquefort oder geriebenem Gruyère belegen und zugedeckt so lange erwärmen, bis der Käse schmilzt. Statt Fenchel passt auch Staudensellerie, statt Kirschtomaten kann man auch 1 kleine Dose geschälte Tomaten nehmen.*

Für 4 Portionen:

1 Zwiebel
1 kleine Fenchelknolle (350 g)
4 Schweinekoteletts (je 200 g)
Salz, Pfeffer
2 EL mittelscharfer Senf
2 EL Rapsöl
500 g Kirschtomaten

Pro Portion: 47 g E, 7 g Kh, 17 g F

Zucchini-Tomaten mit Filet und Gnocchi

Für 4 Portionen:

500 g Schweinefilet

4 getrocknete Tomaten in Öl

2 EL Öl (von den Tomaten)

250 g mittelgroße sommerreife Tomaten (oder gestückelte aus der Dose/Tetrapak)

400 g Zucchini

1 EL Butter

500 g Gnocchi (Kühlregal)

1 EL Rapsöl

½ Topf Basilikum

Zitronensaft

Salz, Pfeffer, Zucker

1. Backofen auf 160 °C (Ober-/Unterhitze) vorheizen. Das Schweinefilet parieren (Sehnen und Silberhäute abtrennen) und in 4 cm dicke Scheiben schneiden. Leicht platt drücken und mit 1 EL Öl von beiden Seiten 3 bis 4 Minuten scharf anbraten. In einer feuerfesten Form im Backofen 10 bis 15 Minuten gar ziehen lassen.

2. Die getrockneten Tomaten würfeln. Die frischen halbieren, vom Stielansatz befreien und ebenfalls würfeln, dabei den Saft auffangen. Zucchini halbieren (bei größeren Exemplaren das Innere mit Kernen mit einem Löffel herausschälen), in dünne Halbringe schneiden. Im Bratfett der Filets und 1 EL Butter 2 bis 4 Minuten scharf anbraten. Tomaten und Tomatensaft dazugeben, erhitzen und gut durchrühren, mit Salz, einer Prise Zucker und etwas Zitronensaft abschmecken.

3. Das Basilikum waschen, trocken schleudern, die Blättchen hacken. Die Gnocchi direkt in eine zweite Pfanne geben, mit 1 EL Öl 4 bis 5 Minuten knusprig braten, dabei ab und zu durchschwenken. Zusammen mit dem Schweinefilet und dem Gemüse servieren. Dabei den Bratensaft, der sich im Ofen gebildet hat, zu dem Gemüse geben und das gehackte Basilikum darüberstreuen.

4. Noch aromatischer wird es, wenn Sie eine der großen Tomaten durch 5 Cherry- oder Datteltomaten ersetzen. Im Winter sind gestückelte Tomaten aus der Dose ein guter Ersatz, mit frischen und vor allem kleinen schmeckt's aber tomatiger.

Pro Portion: 25 g E, 32 g Kh, 11 g F

Leberterrine

⊠ 40 Min. + 2 Std.
⊠ 381 kcal pro Portion

1. Das Brötchen in warmem Wasser einweichen. Pflaumen im Wein einweichen. Leber, Fleisch, Speck und Kasseler zweimal durch den Fleischwolf drehen – am einfachsten ist es, den Metzger darum zu bitten.

2. Die Schalotten schälen und fein würfelig schneiden. Die Sardellen abspülen, trocken tupfen, von Flossenresten befreien und fein hacken. 1 bis 2 TL Thymianblättchen abstreifen, 2 Lorbeerblätter zerbröseln. Das Brötchen ausdrücken, mit den Pflaumen samt Wein, allen vorbereiteten Zutaten, 3 TL Salz, 1 TL Pfeffer, den Walnüssen und den Pfefferkörnern zu einer Masse verkneten.

3. Eine Pasteten- oder Kastenform von ungefähr 2,5 l Inhalt mit etwas Öl ausreiben. Die Hälfte der Masse einfüllen, dabei immer wieder glatt streichen und die Form fest aufstoßen, um Lufträume zu schließen. Eventuell vorhandene Fleischstücke – besonders geeignet ist Wild, Gänse- oder Entenbrust – einlegen und die übrige Pastetenmasse darüberfüllen. Fest andrücken und glatt streichen. Mit dem Pastetendeckel oder eingeölter Alufolie abdecken.

4. In den Backofen schieben und bei 180 °C 2 Stunden garen. Herausnehmen und behutsam die Garflüssigkeit abgießen und aufheben. Ein passendes Brettchen auf die Pastete legen und mit Konservendosen beschweren, erkalten lassen, zwischendurch eventuell Flüssigkeit nochmals abgießen.

5. Fond sieben und kalt stellen, damit man das Fett abheben kann. Mit Brühe auf 300 ml auffüllen. Gelatine 10 Minuten in kaltem Wasser einweichen. Bei kleiner Hitze mit einigen Löffeln Madeira auflösen. Nach und nach restlichen Madeira und Brühe zugeben.

6. Pastete mit Lorbeerblättern und Thymianzweigen dekorieren und mit dem Madeiragelee auffüllen, kalt stellen.

Für ca. 20 Portionen:

1 altbackenes Brötchen
150 g Trockenpflaumen
100 ml Portwein oder milder Rotwein
500 g Schweineleber
500 g Schweinefleisch
250 g fetter Speck
250 g Kasseler oder Schinkenreste
2 Schalotten
6 Sardellenfilets
1 Bd. Thymian
einige Lorbeerblätter
Salz, Pfeffer
100 g Walnusskerne
2 EL grüne Pfefferkörner
1 EL Öl für die Form
Bratenreste nach Belieben (bis zu 1 kg)

Gelee

6 Blatt Gelatine
200 ml Madeira

Pro Portion: 23 g E, 9 g Kh, 27 g F

Mageres Kasseler mit Ingwer und Trockenpflaumen

Für 4 Portionen:

4 cm frischer Ingwer

schwarzer Pfeffer aus der Mühle

1 kg Kasselerbraten am Stück

500 g kleine Zwiebeln
oder Schalotten

2 EL Rapsöl

250 ml Holundersaft

2 säuerliche Äpfel (z. B. Boskop)

500 g Sauerkraut
(frisch oder vorgegart)

100 g essfertige Trockenpflaumen

Sojasauce

1. Ingwer schälen und im Blitzhacker zermusen. Mit Pfeffer mischen und den Braten damit einreiben. Die Zwiebeln schälen und je nach Größe halbieren oder vierteln.

2. In einer Kasserolle die Zwiebeln im Rapsöl anbraten, dann das Fleisch hineinsetzen und mit dem Holundersaft angießen. Zugedeckt bei mittlerer Hitze 45 Minuten schmoren. Dabei einmal wenden.

3. Die Äpfel waschen, in Spalten schneiden und das Kerngehäuse entfernen. Das Sauerkraut klein schneiden. 15 Minuten vor Ende der Garzeit Apfel, Sauerkraut und Pflaumen zugeben und mitschmoren.

4. Den Braten herausheben, in Alufolie wickeln. Saucengemüse mit Sojasauce abschmecken und zum Kasseler reichen.

Pro Portion: 41 g E, 25 g Kh, 8 g F

Variante: *Sie können das Sauerkraut auch mit dem Kasseler und den Zwiebeln schmoren. Herber als Holundersaft schmeckt Granatapfelsaft.*

Balsamicofilet mit Maronenpüree

⏱ 60 Min. + einige Std.
🔥 350 kcal pro Portion

1. Am Tag vor dem Braten oder einige Stunden davor die Filets säubern: sehnige, fette Stellen wegschneiden. Abspülen, trocken tupfen, salzen und pfeffern. Dann in einer Schüssel mit 4 EL Balsamessig bestreichen.

2. Den Ofen auf 80 °C vorheizen. Die Ananas großzügig schälen, längs achteln und das harte Innere abschneiden. Mit Küchenpapier trocken tupfen, in einer Pfanne in 1 EL Rapsöl und Zucker karamellisieren, aus der Pfanne nehmen und beiseitelegen.

3. Die Schweinefilets mit Küchenpapier abtrocknen. Restliches Öl in die gesäuberte Pfanne geben und sehr heiß werden lassen. Die Filets darin auf allen vier Seiten je 2 Minuten anbraten.

4. Eine flache, ofenfeste Form einfetten, die Filets in die Form legen, von oben noch einmal leicht salzen und dann mit einer Mischung aus Honig, dem restlichen Balsamessig und Chiliflocken dünn bestreichen. Im Ofen 90 Minuten garen. Zum Ende der Bratzeit die karamellisierten Ananasachtel zu den Filets in die Form legen.

5. Herd ausstellen, die Schweinefilets noch bis zu 10 Minuten ruhen lassen. Zum Servieren in Scheiben schneiden.

6. Maronenpüree: Maronen mit Milch 5 bis 10 Minuten köcheln lassen, Balsamico und Sherry dazugeben, mit dem Mixstab pürieren. Die Sahne schlagen und kurz vor dem Servieren unterheben. Mit Salz abschmecken. Eventuell den Topf auf niedrigster Heizstufe warm halten, bis serviert werden kann.

Tipp: *Wenn Sie eine Sauce möchten, geben Sie nach dem Anbraten des Filets etwa 100 ml Rotwein, Obstsaft oder Brühe in die heiße Pfanne. Fügen Sie dann 100 g Crème fraîche dazu, lassen Sie alles offen köcheln und etwas eindicken. Zum Schluss mit Salz, Pfeffer, Zucker, Balsamico abschmecken.*

Für 4 Portionen:

2 Schweinefilets (je 400 g)
Salz, Pfeffer
6 EL dunkler Balsamico
1 Ananas
2–3 EL Rapsöl
1 EL brauner Zucker
2 EL Honig
½ TL Chiliflocken

Maronenpüree

250 g gegarte, geschälte Maronen (vakuumverpackt)
100 ml Milch
1 TL Balsamico
6 EL Sherry
150 ml Sahne
Salz

Pro Portion: 30 g E, 20 g Kh, 15 g F

Pata-Negra-Bäckchen mit weißen Bohnen

Für 4 Portionen:

1 mittlere Zwiebel

1 Knoblauchzehe

3–4 EL Olivenöl

400 g gestückelte Tomaten
(Dose)

1–2 TL Bohnenkraut getrocknet

1–2 TL Kräuter der Provence

1–2 Döschen Safran (je 0,1 g)

500 g Schweinebäckchen
(oder Rinderbeinscheibe)

100 ml Rotwein

600 g weiße Bohnen (Dose)

4 Stiele Thymian
(oder ½ TL getrockneter)

Salz, Pfeffer

1. Zwiebel und Knoblauch schälen, in sehr kleine Stückchen hacken. Die Zwiebel in einem Topf mit 1 EL Öl glasig andünsten, den Knoblauch kurz mitschmoren. Gestückelte Tomaten mit Kräutern und Safran dazugeben, alles kurz aufkochen.

2. Die Schweinebäckchen so zerteilen, dass man die Stücke auf dem Teller noch einmal zerschneiden kann. Salzen und mit 1 bis 2 EL Öl rundherum scharf anbraten. Den Rotwein dazugeben und einkochen.

3. Den Pfanneninhalt zur Tomatensauce geben, eventuell mit 1 bis 2 EL Wasser verflüssigen. Auf kleinster Flamme etwa 45 Minuten mit Deckel köcheln lassen, eventuell auch länger, wenn man es butterweich haben möchte. Rinderbeinscheibe braucht etwa doppelt so lange.

4. Inzwischen die weißen Bohnen abgießen, die Flüssigkeit zurückbehalten. In einer Pfanne Thymianblättchen mit 1 EL Olivenöl kurz anschmoren, die weißen Bohnen tropfnass dazugeben, eventuell mit etwas Aufgussflüssigkeit. Alles erhitzen, mit Salz und Pfeffer abschmecken.

5. Wenn das Fleisch gar ist, nach Bedarf noch etwas Aufgussflüssigkeit der Bohnen zur Sauce geben, das macht sie sämiger. Ebenfalls abschmecken. Mit den Bohnen servieren.

Pro Portion: 40 g E, 23 g Kh, 16 g F

Info: *Schweinebäckchen, die man hierzulande üblicherweise bekommt, sind weniger gut geeignet. Da ist die Beinscheibe vom Rind der bessere Ersatz.*

Speckbraten

1. Ofen auf 80 °C vorheizen. Schwarte des Fleisches kreuzweise einschneiden. Geschälten Ingwer in die Sojasauce pressen, Chili und Pfeffer zugeben. Gut mischen.

2. Braten mit Öl in einem kleinen Bräter oder Schmortopf auf der Fleischseite kräftig anbraten. Apfelsaft angießen, salzen und aufkochen. Braten auf die Schwarte legen, Fleischseite mit dem Sojamix einpinseln. Im Ofen zugedeckt 90 Minuten braten.

3. Knoblauchzehen trennen, nicht schälen. Möhren schälen, große teilen und halbieren. Kartoffeln waschen und halbieren. Hitze auf 220 °C erhöhen. Braten auf die Fleischseite drehen, Schwarte salzen. Knoblauch, Kartoffeln und Möhren zugeben und würzen. Mit Deckel 45 Minuten braten.

4. Braten in Scheiben schneiden und mit den Möhren, Kartoffeln und dem Fond servieren.

Pro Portion: 33 g E, 42 g Kh, 39 g F

Tipp: *Der gegarte Knoblauch kann aus der Schale gedrückt zum Fleisch verzehrt werden. Da er kaum mit Sauerstoff in Kontakt gekommen ist, schmeckt er sehr mild.*

Durch das Einschneiden der Schwarte tritt Fett aus und verfeinert den Fond. Erst längs der Fasern einschneiden, dann quer.

Für 4 Portionen:

600 g frischer Schweinebauch mit Schwarte

2 cm frischer Ingwer

2 EL Sojasauce

½ TL rotes Chilipulver

2 EL Öl

250 ml Apfelsaft

Salz, Pfeffer aus der Mühle

1 frische Knoblauchknolle

700 g Möhren

700 g Kartoffeln

Für 4 Portionen:

4 Schweinekoteletts
oder -steaks,
leicht durchwachsen (600 g)

Salz, Pfeffer

1 EL Öl

1 Knoblauchzehe

2 kleine Zwiebeln

100 ml Weißwein oder Brühe

½ Bd. Petersilie

100 g kleine Tomaten

2 EL Oliven

3–4 EL Olivenöl

Geschmortes Pfannenfleisch mediterran

1. Steaks oder Koteletts klopfen, Fettränder einschneiden, salzen, pfeffern, Knoblauch schälen und hacken. Fleisch und Knoblauch in einer beschichteten Pfanne mit 1 EL Öl anbraten.

2. Etwas Wasser dazugeben, Deckel so daraufsetzen, dass sehr langsam Dampf entweichen und das Fleisch bei niedriger Hitze schmoren kann. Wenn die Flüssigkeit fast verdampft ist, die Stücke wenden, noch einmal Wasser angießen und verdampfen lassen, bis das Fleisch bräunt. Insgesamt sollte es etwa 1 Stunde schmoren. Gegen Ende der Kochzeit Ofen auf 50 °C vorheizen.

3. Geschnittene Zwiebeln mit Wein oder Brühe dazugeben, 2 Minuten köcheln, das Fleisch herausnehmen, im Ofen warm stellen.

4. Gehackte Petersilie, halbierte Tomaten und Oliven in die Pfanne geben, alles etwa 2 bis 3 Minuten einkochen lassen. Olivenöl kurz miterhitzen, zum Servieren auf den Steaks oder Koteletts verteilen.

Pro Portion: 30 g E, 3 g Kh, 20 g F

Kasseler-Risotto mit Spinat

1. Zwiebel und Knoblauch schälen und in feine Würfel schneiden. Walnüsse fein hacken und in einer beschichteten Pfanne ohne Fett rösten, bis sie duften. Spinat gründlich waschen, Stiele und Welkes entfernen und grob hacken.

2. In einem Topf Öl erhitzen. Zwiebeln sowie Knoblauch hinzufügen und darin glasig dünsten. Den Reis dazugeben und unter Rühren ebenfalls glasig dünsten. Weißwein dazugießen und unter Rühren einkochen lassen, bis die Flüssigkeit verdampft ist.

3. Die Brühe nach und nach dazugießen und immer wieder einkochen lassen, dabei häufig umrühren, damit der Reis nicht ansetzt. Ist die Brühe verbraucht, einfach Wasser nehmen. Wenn der Reis weich ist, den Topf vom Herd nehmen.

4. Spinat, Kasselerwürfel und geröstete Nüsse behutsam unterheben. Das Risotto mit Muskat, Salz und Pfeffer abschmecken. Sofort servieren.

Pro Portion: 16 g E, 42 g Kh, 18 g F

Variante: *Statt Kasseler passt auch mageres Putenfilet. Dann die Gemüse- gegen Hühnerbrühe austauschen und statt Petersilie Safranfäden verwenden. Ein fleischloses Risotto können Sie im Nu mit Pilzen (z. B. Steinpilze oder Pfifferlinge) zaubern.*

Für 4 Portionen:

1 kleine Zwiebel

1 Knoblauchzehe

50 g Walnüsse

600 g Blattspinat

2 EL Rapsöl

200 g Risotto-Reis (z. B. Arborio)

50 ml trockener Weißwein

200 ml Gemüsebrühe

100 g magere Kasselerwürfel

Muskatnuss

Salz, Pfeffer

Badisches Schäufele mit Pflaumensauce

Für 4 Portionen:

1 Zwiebel

1 nussgroßes Stück Ingwer

2 EL Öl

600 g ausgelöstes Schäufele (gepökeltes Schulterstück)

300 ml Milch (1,5 % Fett)

60 g Trockenpflaumen

Pfeffer

2 Nelken

1–2 EL Orangensaft

1–2 TL Dijon-Senf

1. Die Zwiebel und den Ingwer schälen und fein würfelig schneiden. In einem Topf im Öl glasig dünsten. Das Schäufele zugeben. Mit Milch und 300 ml Wasser ablöschen, mit den Pflaumen, Pfeffer und Nelken zum Kochen bringen.

2. Zugedeckt etwa 90 Minuten köcheln. Das Fleisch zwischendurch einmal wenden. Nach 1 Stunde die Pflaumen zugeben.

3. Den Braten herausnehmen und in Alufolie wickeln. Die Sauce mit einem Pürierstab fein pürieren. Mit Orangensaft, Senf und Pfeffer abschmecken – nach Bedarf etwas verdünnen. Braten aufschneiden und mit der Sauce servieren.

Pro Portion: 30 g E, 15 g Kh, 18 g F

Info: *Schäufele ist eine badische Spezialität – im übrigen Deutschland pökelt man eher den mageren Rücken als Kasseler. Doch Schäufele ist viel saftiger als Kasseler – braucht aber eine etwas längere Garzeit.*

Beilagen-Tipp: *Einfach Kartoffeln – oder Püree.*

⏱ 20 Min. + 30 Min.
🍴 197 kcal pro Portion

Endivien-Frittata
mit Schinken

1. Endiviensalat putzen, halbieren, gründlich waschen und fein nudelig schneiden. Zwiebel schälen, halbieren und sehr fein würfelig schneiden. Schinken in feine, 4 cm lange Streifen schneiden.

2. In einer großen beschichteten Pfanne die Zwiebelwürfel im Öl glasig dünsten. Den Salat dazugeben, mit Salz, Pfeffer und Muskatnuss würzen und zusammenfallen lassen. In einem Sieb abkühlen lassen, Saft leicht ausdrücken. Den Backofen auf 160 °C vorheizen.

3. Eier mit saurer Sahne verrühren, mit Salz, Pfeffer, Muskatnuss und Curry würzen. Gemüse und Schinkenstreifen mit dem Teig verrühren und die Masse in eine gefettete Springform von 26 cm Durchmesser geben. Im heißen Backofen auf der mittleren Schiene etwa 30 Minuten backen. Schmeckt heiß, aber auch kalt.

Pro Portion: 13 g E, 2 g Kh, 15 g F

Tipp: *Für die halbe Menge die Frittata in einer großen, beschichteten Pfanne zubereiten: Endivien in der Pfanne dünsten, Wasser einkochen lassen, den Schinken zugeben und zum Schluss den Teig in die Pfanne gießen. Mit Deckel bei kleiner Hitze etwa 10 Minuten stocken lassen. Mithilfe eines flachen Deckels wenden und fertig backen.*

Für 4 Portionen:

1 kleiner Endiviensalat (400 g)
1 Zwiebel
50 g roher Schinken in Scheiben
2 EL Rapsöl
Salz, Pfeffer
Muskatnuss
4 Eier
75 g saure Sahne
1 TL Currypulver

Eisbein aus dem Ofen

Für 4 Portionen:

1 Zwiebel

2 EL Rapsöl

1 Apfel (Boskop)

800 g frisches Sauerkraut

2 Lorbeerblätter

3 Wacholderbeeren

1 TL Fenchelsamen

50 g Rosinen

200 ml Apfelsaft

1 großes Eisbein (800 g – 1000 g)

Salz, Pfeffer

1. Ofen auf 180 °C vorheizen. Zwiebel schälen, fein würfeln und in einem Bräter in Öl glasig andünsten.

2. Apfel waschen und samt Schale grob raspeln. Mit dem Sauerkraut zu den Zwiebeln geben. Gewürze und Rosinen zufügen.

3. Eisbein in das Sauerkraut drücken, alles mit dem Apfelsaft begießen und geschlossen im Ofen etwa 2 Stunden garen. Eisbein einmal wenden und das Kraut durchrühren.

4. Eisbein vom Knochen lösen. Kraut salzen und pfeffern und zum Eisbein servieren.

Pro Portion: 47 g E, 22 g Kh, 29 g F

Beilagen-Tipp: *Salzkartoffeln oder Püree.*

Info: *Eisbein ist eine deftige Spezialität. Es ist sozusagen das Schienbein des Schweins mit ansitzenden Fleischteilen. Der Knochen wurde früher geschliffen und als Schlittschuh benutzt – daher der Name!*

Schweinefilet mit Paprika-Zwiebel-Gemüse

1. Paprika putzen, waschen und in 1 cm dicke Streifen schneiden. Zwiebel schälen, halbieren und in Streifen schneiden.

2. Schweinefilet mit Paprikapulver, Salz und Pfeffer würzen. Öl erhitzen, das Filet rundherum 2 Minuten anbraten. Dann in Alufolie wickeln und ruhen lassen.

3. Backofen auf 180 °C vorheizen. Zwiebeln im Bratensatz glasig dünsten, dann die Paprikastreifen zugeben. Mit dem Wein ablöschen, mit Salz, Pfeffer und Mittelmeerkräutern würzen. Alles für ca. 5 Minuten köcheln lassen, dann den Bräter mit dem Gemüse offen in den Ofen stellen.

4. Nach 30 Minuten das Fleisch mit dem ausgetretenen Saft zum Gemüse geben. Frischkäse mit Ajvar mischen und das Filet damit bestreichen. Für weitere 20 Minuten im heißen Ofen schmoren.

Pro Portion: 34 g E, 11 g Kh, 6 g F

Info: *Sie können Kartoffelspalten im Ofen mitgaren, wenn sie den Bräter auf ein Blech stellen und die Kartoffeln mit Öl, Salz und Rosmarin darum verteilen.*

Für 4 Portionen:

2 Paprikaschoten (500 g)
300 g Gemüsezwiebeln
1 kleines Schweinefilet (etwa 500 g)
1 TL Paprikapulver edelsüß
Salz, Pfeffer
1 EL Rapsöl
100 ml Roséwein
1 TL getrocknete Mittelmeerkräuter
4 EL fettarmer Frischkäse
1 EL Ajvar

⏱ 20 Minuten
▣ 647 kcal pro Portion

Für 2 Portionen:

2 Schweinekoteletts
(je 200 g)

Salz, Pfeffer

1 Knoblauchzehe

2 EL Olivenöl

2 Rosmarinzweige

1 große Zucchini

1 EL Butter

100 g Pancetta

60 g getrocknete Aprikosen

1 EL Weißweinessig

Salz, Pfeffer

1 Thymianzweig

½ kleine rote Chilischote

Schweinekotelett mit Pancetta und Aprikosen

1. Backofen auf 120 °C Ober- und Unterhitze vorheizen. Beide Koteletts salzen und pfeffern. Knoblauchzehe schälen. 1 EL Öl in eine heiße Pfanne geben, Koteletts scharf von beiden Seiten darin anbraten. Knoblauchzehe und 1 Rosmarinzweig dazugeben, 5 Minuten braten. In eine feuerfeste Form geben und für 15 Minuten in den Ofen stellen.

2. Zucchini waschen und in 1 cm dicke Scheiben schneiden. Die Kotelett-Pfanne wieder heiß werden lassen. Je 1 EL Butter und Olivenöl darin erhitzen und die Zucchini scharf anbraten. Den Pancetta grob und die Aprikosen fein würfeln und zu der Zucchini geben. Mit Weißweinessig ablöschen. Mit Salz, Pfeffer und je 1 Rosmarin- und Thymianzweig würzen. Chilischote entkernen und in feine Ringe schneiden. Dann zu dem Gemüse geben. Abschmecken.

3. Die Koteletts aus dem Ofen nehmen und mit dem entstandenen Saft zu dem Gemüse geben. Sofort servieren.

Pro Portion: 50 g E, 18 g Kh, 40 g F

4
LAMM

Lammfleisch mit Aprikosen

1. Das Lammfleisch abspülen und sehr gut trocken tupfen. Das Fleisch in 2 cm × 2 cm große Würfel schneiden und mit Salz und Pfeffer würzen, rundherum in Mehl wenden.

2. Die Schalotten abziehen und sehr fein würfeln. Die Aprikosen abspülen, trocken tupfen, in feine Streifen schneiden und beiseitestellen.

3. Das Öl in einem Topf erhitzen, die Fleischwürfel darin rundherum anbraten, die Schalottenwürfel darüberstreuen, andünsten und mit Rotwein oder Lammfond ablöschen.

4. Die Aprikosen unterheben und 1 Minute offen garen. Den Orangensaft zugießen und weitere 2 Minuten zugedeckt garen.

5. Vor dem Servieren die Schlagsahne einrühren und noch einmal abschmecken.

Tipp: *Wenn Sie für Gäste größere Mengen zubereiten, sollten Sie die Fleischwürfel portionsweise anbraten, damit sie alle rundherum bräunen können.*

Für 4 Portionen:

400 g ausgelöster Lammrücken

Salz, Pfeffer aus der Mühle

1 EL Mehl

2–3 Schalotten

150 g getrocknete Aprikosen

2 EL Pflanzenöl

150 ml Rotwein oder Lammfond (aus dem Glas)

150 ml Orangensaft

5 EL Schlagsahne

Pro Portion: 24 g E, 27 g Kh, 15 g F

Lammrücken mit Zimt und Kokosreis

Für 4 Portionen:

Kokosreis

200 g Reis

1 Msp. Safran

gut ½ l heiße Gemüsebrühe

2 EL Kokosflocken

Lammrücken

2 Zwiebeln

2 Knoblauchzehen

300 g ausgelöster Lammrücken

1½ EL Butterschmalz

Salz, Pfeffer aus der Mühle

1 gehäufter TL Zimt

Paprikapulver edelsüß

Chilipulver

100 ml Orangensaft

1 TL Crème fraîche

1. Den Reis und den Safran in einen Topf mit heißer Gemüsebrühe geben und aufkochen lassen. Den Topf verschließen und 25 Minuten bei kleinster Hitze ausquellen lassen. Für Basmati-Reis ist die Quellzeit kürzer.

2. Die Kokosflocken in einer Pfanne ohne Fett unter Wenden hell bräunen. Kokosflocken unter den Reis heben, sobald die Flüssigkeit aufgesogen ist.

3. Inzwischen die Zwiebeln und Knoblauchzehen abziehen. Die Zwiebeln fein würfeln, die Knoblauchzehen zerdrücken.

4. Den Lammrücken abspülen und gut trocken tupfen. Butterschmalz in einem kleinen Bräter oder einer Pfanne erhitzen, Lammrücken darin rundherum anbraten. Salzen und pfeffern. Die Hitze reduzieren, Zwiebelwürfel und Knoblauch zufügen, 5 Minuten braten, die Gewürze zufügen. Bei mittlerer Hitze weitere 5 bis 7 Minuten braten.

5. Das Fleisch herausnehmen, in Alufolie gewickelt warm halten. Den Bratensatz in der Pfanne mit Orangensaft ablöschen und etwas köcheln lassen.

6. Das Fleisch in fingerdicke Scheiben schneiden, auf einer vorgewärmten Platte anrichten; den Fleischsaft aus der Folie in die Sauce gießen, 5 Minuten einkochen lassen und Crème fraîche einrühren.

7. Sauce und Reis separat servieren.

Pro Portion: 21 g E, 44 g Kh, 11 g F

Lammragout orientalisch

1. Die Lammlachse abspülen, gut abtrocknen, salzen und pfeffern. Zwiebeln und Knoblauchzehen schälen, dann sehr fein hacken. In einer schweren Pfanne das Öl sehr heiß werden lassen und die Lammlachse darin im Ganzen von allen vier Seiten jeweils 1 bis 2 Minuten anbraten. Aus der Pfanne nehmen, beiseitestellen.

2. Zwiebel und Knoblauchwürfel in die Pfanne geben und bei mittlerer Hitze glasig dünsten. Die Gewürze dazugeben, kurz mit anschwitzen lassen. Dann die Sauerkirschen und den Orangensaft dazugeben, aufkochen und bei sanfter Hitze etwa 10 Minuten reduzieren lassen.

3. Die in Scheiben geschnittenen, noch blutigen Lammlachse wieder in die Pfanne geben und zugedeckt 2 bis 5 Minuten bei sehr niedriger Hitze garen, bis sie nur noch leicht rosig sind. Dann mit dem Joghurt und noch einmal mit Salz, Pfeffer und eventuell etwas Honig abschmecken.

Pro Portion: 34 g E, 37 g Kh, 12 g F

Tipps: *Lammlachs ist das vom Knochen ausgelöste sehr zarte Fleisch des Lammrückens. Es ist fast fett- und völlig sehnenfrei. Da es schnell austrocknet, sollten Sie es immer im Ganzen braten.*

Wenn Sie gerne orientalisch kochen, können Sie sich eine typische Gewürzmischung anschaffen, zum Beispiel Ras el-Hanout. In dieser Mixtur von bis zu 25 Gewürzen sind all die im Rezept genannten enthalten.

Für 4 Portionen:
600 g Lammlachse
Salz, Pfeffer
1 mittlere Zwiebel
2 Knoblauchzehen
2–3 EL Rapsöl
1 TL Zimt
je ½ TL Kreuzkümmel, Nelken, Muskat (jeweils gemahlen), Chiliflocken, Kardamom
200 g getrocknete Sauerkirschen (ersatzweise Cranberries oder Sultaninen)
200 ml Orangensaft
150 g Joghurt
evtl. etwas Honig

Für 2 Portionen:

600 g festkochende Kartoffeln
(möglichst Drillinge)

2 kleine Zwiebeln

3 Thymianzweige

3 Rosmarinzweige

4 Knoblauchzehen

2–3 EL Olivenöl

6 getrocknete Tomaten
(in Öl)

6 kleine Lammkoteletts
(je ca. 80 g)

Salz, Pfeffer

Lammkoteletts mit Rosmarinkartoffeln

1. Backofen auf 220 °C Ober- und Unterhitze vorheizen. Kartoffeln gründlich waschen, aber nicht schälen. Kartoffeln und geschälte Zwiebeln je nach Größe vierteln oder achteln. Auf ein mit Backpapier ausgelegtes Blech legen. Die Blätter beziehungsweise Nadeln von den gewaschenen und trocken geschleuderten Kräuterzweigen abstreifen und auf den Kartoffeln verteilen. Die geschälten Knoblauchzehen im Ganzen und 1 bis 2 EL Olivenöl dazugeben. Alles kräftig salzen, pfeffern und ordentlich durchmischen. Für 20 Minuten in den heißen Ofen geben.

2. Getrocknete Tomaten sehr fein würfeln, 10 Minuten vor Schluss mit 2 EL des eigenen Öls zu den Kartoffeln im Ofen geben.

3. Eine Pfanne mit 1 EL Olivenöl heiß werden lassen. Die Fettränder an den Koteletts leicht einschneiden, das Fleisch salzen, pfeffern und von jeder Seite 3 Minuten knusprig braun braten. Für die letzten 5 Minuten mit in den Backofen geben. Alles zusammen servieren.

Pro Portion: 27 g E, 42 g Kh, 30 g F

Lammkeule in Rotwein mit Schokolade

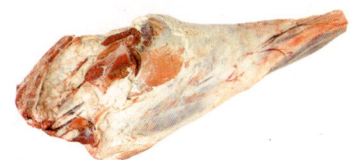

1. Das Fleisch mit einem scharfen Messer von den Knochen lösen, überflüssiges Fett und Silberhaut abtrennen. Rotwein über das Fleisch gießen, sodass es mindestens zu dreiviertel bedeckt ist. Ein etwa daumengroßes Stück Orangenschale abtrennen (Sparschäler). Gemüse putzen und in feine Scheiben schneiden. Alles mit dem Bouquet garni und 2 zerdrückten Knoblauchzehen in den Wein geben. Zugedeckt über Nacht stehen lassen.

2. Am nächsten Tag Orangenschale und Bouquet garni herausfischen. Das Fleisch trocken tupfen, in mundgerechte Stücke schneiden, mit dem Öl in einer Pfanne etwa 10 Minuten von allen Seiten scharf anbraten. Weinsud und Gemüse zugeben und so lange köcheln, bis das Fleisch zart ist. Bei Lammkeule reicht eine gute Viertelstunde, bei Stelzen kann es eine Stunde sein.

3. Das Fleisch herausnehmen, den Wein mit dem Gemüse pürieren, auf gut einen Viertelliter einkochen, durch ein Sieb streichen. Erneut kurz aufkochen, die Schokolade hineinreiben. Die Sauce mit Salz, Pfeffer und 2 EL kalter Butter abschmecken, über das Fleisch geben.

4. Die Bohnen schräg in kurze, rautenähnliche Stücke schneiden, in Salzwasser etwa 10 Minuten bissfest garen, abgießen, mit kaltem Wasser abschrecken. Die Gnocchi kurz in kochendes Wasser geben oder mit 1 EL Öl aufbraten, dabei die Bohnen erneut erwärmen. Mit Lamm und Sauce servieren.

Pro Portion: 47 g E, 52 g Kh, 21 g F

Für 4 Portionen:

1 kg Lammkeule oder -stelzen

750 ml Rotwein

1 unbeh. Orange

400 g Gemüse (je 1 mittlere Möhre, Zwiebel, Selleriestange, etwas heller Lauch)

1 Bouquet garni mit 1 EL Pfefferkörnern und 1 Nelke (siehe Seite 90)

2 Knoblauchzehen

2 EL Öl

5 g sehr dunkle Schokolade

2 EL Butter

750 g breite grüne Bohnen (oder Prinzessbohnen, tiefgefroren)

500 g Gnocchi (Fertigprodukt)

Salz, Pfeffer

Für 4 Portionen:

4 halbe getrocknete Tomaten

1 Bd. Kräuter wie
Petersilie oder Koriander

500 g Zucchini

1 mittlere Zwiebel

2 Knoblauchzehen

300–400 g Lammlachs,
-filet oder -keule

2–3 EL Öl

250 ml Brühe (oder Wasser)

200 g Couscous

2–3 TL Gewürze wie
Ras el-Hanout, Paprika, Kreuzkümmel, Harissa, Zimt, Chili

Salz, Pfeffer

Schneller Couscous mit Filet

1. Getrocknete Tomaten in feine Streifen schneiden – sehr trockene Exemplare vorher kurz mit 125 ml Wasser und 1 EL Essig aufkochen und etwas stehen lassen. Kräuter waschen, trocken schütteln, die Blättchen grob hacken.

2. Zucchini in kleine Würfel schneiden. Zwiebel und Knoblauch sehr klein schneiden. Das Fleisch in dünne Streifen schneiden, mit den Zwiebelstücken in etwas Öl in einem Topf anbraten, nach etwa 3 Minuten auch den Knoblauch zugeben und glasig braten.

3. Die Zucchiniwürfel in den Gemüsetopf geben und weitere 5 Minuten braten. Dann Brühe oder Wasser mit den getrockneten Tomaten, dem Couscous sowie Kräutern und Gewürzen dazugeben, alles untermischen und einmal kurz aufkochen. Von der Heizquelle nehmen, bei geschlossenem Deckel 5 Minuten ziehen lassen.

Pro Portion: 28 g E, 42 g Kh, 17 g F

Varianten: *Auch Möhren machen sich hier gut, ebenso Paprikaschoten, frische Tomaten oder Kichererbsen aus der Dose.*

Das Gericht schmeckt auch mit Reis, kocht dann aber mindestens 20 Minuten und braucht eventuell mehr Flüssigkeit. Blitzschnell geht es mit Nudeln vom Vortag.

Selleriepüree zu Lammrücken

1. Sellerieknollen putzen, waschen und schälen. In etwa 2 cm große Würfel schneiden und in Zitronen- oder Essigwasser legen, damit sie sich nicht verfärben. Kartoffeln waschen, schälen und ebenfalls würfeln.

2. In einem Topf Butter oder Margarine zerlassen. Die trocken getupften Sellerie- und Kartoffelwürfel darin unter Wenden andünsten. Mit Gemüsebrühe ablöschen. Zugedeckt 15 bis 20 Minuten kochen lassen.

3. Die Milch zur Sellerie-Kartoffel-Mischung geben, mit dem Pürierstab zerkleinern; mit Salz, Pfeffer und Muskatnuss würzen und die Kürbiskerne unterrühren, warm stellen.

4. Den ausgelösten Lammrücken abspülen und sehr gut trocken tupfen. Butterschmalz in einer beschichteten Pfanne erhitzen; den Lammrücken darin rundherum anbraten, sehr wenig salzen und pfeffern und bei mittlerer Hitze 10 bis 15 Minuten braten. Hin und wieder wenden.

5. Das Lammfleisch noch 10 Minuten ruhen lassen, damit sich der Fleischsaft setzt. Zum Anrichten mit dem Bratensaft in der Pfanne kurz erwärmen. Das Fleisch schräg in Scheiben schneiden und mit dem Selleriepüree und dem Bratensaft anrichten.

Tipp: *Das Lammfleisch wird durch eine Öl-Marinade besonders saftig, zart und schmackhaft. Für die Marinade 1 sehr fein gewürfelte Zwiebel, 2 bis 3 EL gehackte Kräuter (Petersilie, Dill, Schnittlauch, Zitronenmelisse), Salz, Pfeffer, 1 Prise Zucker, 2 EL Rotwein und 1 EL Olivenöl verrühren. Das Fleisch 1 bis 2 Stunden vor dem Braten damit bestreichen und in einem gut schließenden Gefäß im Kühlschrank aufbewahren. Danach das Fleisch wahlweise in Olivenöl oder Butterschmalz braten.*

Für 4 Portionen:

Selleriepüree

2 Sellerieknollen (etwa 1 kg)

1 TL Zitronensaft oder Essig

250 ml Wasser

1 kg Kartoffeln (mehligkochend)

25 g Butter oder Margarine

250 ml Gemüsebrühe

250 ml Milch

Salz, frisch gemahlener Pfeffer

Muskatnuss, gerieben

1 gehäufter EL Kürbiskerne, fein gehackt

Lammrücken

400 g Lammrücken, ausgelöst

25 g Butterschmalz

Pro Portion: 30 g E, 37 g Kh, 17 g F

Kaninchen mit Bärlauch-Schupfnudeln

⏱ 20 Minuten
🔥 657 kcal pro Portion

1. Backofen auf 120 °C Ober- und Unterhitze vorheizen.

2. Vom unteren Ende des Spargels 2 bis 3 cm abschneiden, nicht schälen. In schräge, 3 bis 4 cm lange Stücke teilen. Die Schalotten schälen und in dünne Streifen schneiden.

3. Die Kaninchenfilets parieren: Die hauchfeine Silberhaut entfernen. Das Fleisch in einer Pfanne mit 1 EL Olivenöl etwa 4 Minuten von allen Seiten scharf anbraten. Mit Salz und Pfeffer würzen, aus der Pfanne nehmen und in einer feuerfesten Form in den heißen Backofen zum Garziehen geben.

4. Die Schupfnudeln in die Pfanne geben und anbraten, mit Salz, Pfeffer und 1 Prise Muskat würzen. In einer weiteren Pfanne mit 1 EL Olivenöl und 1 EL Butter die Schalotten mit den Spargelstreifen 5 Minuten anbraten, mit Salz und Pfeffer und einigen Spritzern Zitronensaft würzen. Die Kaninchenfilets aus dem Ofen nehmen und alles auf Tellern anrichten. Zum Schluss das Bärlauchpesto über die angerichteten Schupfnudeln geben.

Für 2 Portionen:

400 g grüner Spargel

2 Schalotten

3 Kaninchenrückenfilets (je 100 g)

2 EL Olivenöl

Salz, Pfeffer

250 g frische Schupfnudeln

Muskat

1 EL Butter

Zitronensaft

2 EL Bärlauchpesto

Pro Portion: 45 g E, 41 g Kh, 34 g F

Kaninchen in Pilz-Sahne-Sauce

Für 4 Portionen:

400 g Kaninchenfilet, frisch oder gefroren

200 g Shiitakepilze (oder andere Pilze wie Champignons, Kräuterseitlinge)

1 Schalotte

2 EL Öl

3 EL Butter

2 EL Portwein

150 g Sahne

1–2 EL Brühe (optional)

1 Knoblauchzehe

1 Prise Curry

1 Msp. Sardellenpaste

1–2 TL Zitronensaft (optional)

Salz, Pfeffer

1. Das Kaninchenfilet gegebenenfalls über Nacht im Kühlschrank auftauen. Das Fleisch trocken tupfen und in Würfel schneiden, ähnlich wie Gulasch. Die Shiitake oder anderen Pilze trocken abbürsten, die Stiele abschneiden und zusammen mit der gehäuteten Schalotte sehr klein hacken (am besten kurz im Mixer). Die Pilzköpfe halbieren, zur Seite legen.

2. Den Ofen auf 50 °C (Ober-/Unterhitze) vorheizen. Je 1 EL Öl und Butter in der Pfanne erhitzen, das Fleisch kurz von allen Seiten jeweils 2 Minuten anbraten. Es sollte auf Fingerdruck noch leicht nachgeben und sich elastisch anfühlen. Das Fleisch aus der Pfanne nehmen und im Ofen warm stellen. Eventuell noch 1 EL Öl in die heiße Pfanne geben, die Pilzköpfe darin etwa 2 Minuten anbraten. Zum Fleisch geben.

3. Den Mix aus Schalotte und Pilzstielen in die Pfanne geben, andünsten und mit dem Portwein ablöschen. Die Sahne darübergießen und alles einkochen, bis sie dickflüssig ist. Eventuell mit 1 oder 2 EL Brühe noch einmal aufkochen.

4. 2 EL kalte Butter unter Köcheln unterrühren. Sauce salzen, pfeffern und mit der Gabel aus der geschälten Knoblauchzehe etwas frischen Saft kratzen. 1 Prise Curry und die Sardellenpaste dazugeben, nach Belieben noch 1 bis 2 TL Zitronensaft. Wichtig: Die Sauce nicht noch einmal erhitzen, sondern gleich über Fleisch und Pilze geben. Dazu passen knuspriges Baguette, Reis oder Nudeln, vielleicht auch ein Salat.

Pro Portion: 22 g E, 4 g Kh, 38 g F

Hirschsteaks mit Rotwein-Zwiebel-Confit und Rotkohl

1. Rotkohl waschen, putzen und in feine Streifen hobeln. In einem Topf in 1 EL Öl andünsten, mit Salz, Pfeffer und Lebkuchengewürz würzen und bei kleiner Hitze zugedeckt etwa 40 Minuten garen.

2. Den Backofen auf 120 °C vorheizen. Die Steaks salzen und pfeffern. 2 EL Öl in einer ofenfesten Pfanne erhitzen und die Steaks darin bei starker Hitze von jeder Seite 1 Minute braun anbraten, im Ofen in 20 Minuten fertig garen.

3. Die Zwiebeln schälen und in Spalten schneiden. Chilischote entstielen, entkernen und in feine Ringe hacken. In 1 EL Öl in einer beschichteten Pfanne mit Tomatenmark andünsten. Mit Rotwein ablöschen, Cranberries hinzugeben und zugedeckt etwa 15 Minuten garen, bis die Zwiebeln weich sind. Dann geöffnet etwas einkochen lassen, mit einer Prise Salz, Honig und Balsamessig abschmecken.

4. Den Rotkohl mit Salz, Pfeffer und Balsamessig abschmecken. Steaks aus der Pfanne nehmen, Zwiebelgemüse im Fond wenden und zu den Steaks reichen.

Pro Portion: 34 g E, 20 g Kh, 18 g F

Für 4 Portionen:
½ Kopf Rotkohl (500 g)
4–5 EL Rapsöl
Salz, Pfeffer
½ TL Lebkuchengewürz
4 Hirschsteaks (à 150 g)
250 g Zwiebeln
1 rote Chilischote
1 EL Tomatenmark
200 ml milder Rotwein
40 g getrocknete Cranberries
1 TL Honig
3–4 EL Balsamico

Teriyaki-Kaninchen

Für 4 Portionen:

4 Kaninchenrückenfilets
(je 100 g)

500 g Zuckerschoten

2 EL Olivenöl

500 g frische Gnocchi

3 EL Sesamsaat

½ TL Sesamöl

Salz, Pfeffer

350 ml Teriyakisauce

2 Schalotten

1 Knoblauchzehe

1 EL Butter

Zitronensaft

1. Ofen auf 120 °C vorheizen. Kaninchenrückenfilets parieren (die Silberhaut entfernen), Zuckerschoten waschen und in ein wenig kochendem Salzwasser 2 bis 3 Minuten blanchieren. Kalt abschrecken.

2. In einer Pfanne 1 EL Olivenöl erhitzen und Gnocchi anbraten, Sesamsaat und -öl dazugeben, mit Salz und Pfeffer würzen, in einer Schüssel warmstellen.

3. In einer weiteren Pfanne 1 EL Olivenöl erhitzen und die Kaninchenfilets darin etwa 3 Minuten von allen Seiten scharf anbraten, mit der Teriyaki-Sauce ablöschen und noch mal aufkochen lassen. In eine feuerfeste Form geben und im Ofen gar ziehen lassen.

4. Schalotten und Knoblauchzehe schälen und klein hacken. In der Gnocchi-Pfanne 1 EL Butter erhitzen und Schalotten und Knoblauch glasig anschwitzen, die blanchierten Zuckerschoten dazugeben, mit Salz, Pfeffer und einigen Spritzern Zitronensaft abschmecken.

5. Das Zuckerschotengemüse in die Mitte der Teller geben, Gnocchi außen herum verteilen, je ein Kaninchenfilet auf das Gemüse legen und mit Sauce beträufeln. Servieren.

Pro Portion: 36 g E, 64 g Kh, 17 g F

⏱ 20 Minuten
🔥 188 kcal pro Portion

Kaninchen mit Spargel und Bleichsellerie

1. Das Kaninchenfleisch in feine Scheibchen schneiden, die Stärke darüberstäuben, gut einmassieren. Auch Sojasauce und 1 TL Sesamöl untermischen. Das Fleisch so marinieren lassen, bis die anderen Zutaten vorbereitet sind.

2. Frühlingszwiebel putzen, das Weiße schräg in feine Scheibchen, das Grün in etwas breitere (etwa 5 mm) Scheiben schneiden. Spargel schälen, schräg in fingerbreite Stücke schneiden. Selleriestangen fädeln, wenn nötig, auch sie sehr schräg in Scheiben von circa 3 mm schneiden.

3. Im Wok Erdnuss- und restliches Sesamöl erhitzen. Zuerst das Fleisch ins heiße Öl legen, 10 Sekunden lang darin ohne jede Bewegung anbraten, dann erst mit der Bratschaufel rühren und von nun an alles ständig damit in kreisender Bewegung halten.

4. Dabei Ingwer, Knoblauch und Chili zufügen. Dann das Weiße der Frühlingszwiebel, den Spargel und Sellerie in den Wok geben, dafür immer in der Mitte des Topfbodens eine Stelle frei schaufeln und jedes Mal einige Salzkrümel zufügen – das Salz stabilisiert die Farbe; auch braucht man weniger, wenn das Salz gleich von Beginn an eindringen kann.

5. Schließlich auch pfeffern und mit Zucker würzen, Chiliöl zufügen, Sojasauce, Reiswein oder Sherry und schließlich die Brühe angießen. Jetzt sollten die Farben der Gemüse leuchten und alles köstlich duften. Sofort zusammen mit lockerem, körnigem Reis servieren.

P. P. (bei 4): 18 g E, 6 g Kh, 9 g F

Für 2–4 Portionen:

- 300 g ausgelöster Kaninchenrücken
- 1 gehäufter TL Speisestärke
- 1 TL helle Sojasauce
- 2 TL Sesamöl
- 1 Frühlingszwiebel
- 4–5 Spargelstangen
- 2 Selleriestangen
- 2 EL neutrales Öl (z. B. Erdnussöl)
- je 1 gehäufter TL fein gewürfelter Ingwer und Knoblauch
- 1–2 rote Chilischoten
- Salz, Pfeffer
- ½ TL Zucker
- je 1 TL Chiliöl (Asialaden) und dunkle Sojasauce
- 2 EL Reiswein oder Sherry
- 1–2 EL Brühe

REGISTER

IMPRESSUM

© 2013 Stiftung Warentest, Berlin

Stiftung Warentest
Lützowplatz 11–13
10785 Berlin
Telefon 0 30 / 26 31–0
Fax 0 30 / 26 31–25 25
www.test.de
email@stiftung-warentest.de

USt.-IdNr.: DE136725570

Vorstand: Hubertus Primus
Weiteres Mitglied der Geschäftsleitung:
Dr. Holger Brackemann (Bereichsleiter Untersuchungen)

Programmleitung: Niclas Dewitz

**Die Rezepte stammen aus den folgenden Titeln
der Stiftung Warentest:**
Karin Iden: „Das neue Kochbuch durchs Jahr"; Vera Herbst,
Dagmar von Cramm: „Gut essen bei erhöhtem Choleste-
rin"; Vera Herbst, Dagmar von Cramm: „Gut essen bei
Gicht"; Martina Meuth, Bernd Neuner-Duttenhofer:
„Kochwerkstatt"; Vera Kaftan-Namyslowski, Dorothee
Soehlke-Lennert: „Sehr gut kochen"; Christian Soehlke,
Dorothee Soehlke-Lennert: „Sehr gut mediterran kochen";
Lena Elster, Thomas Askan Vierich: „Sehr schnell kochen";
Dagmar von Cramm: „Die einfache Landhausküche";
Lena Elster, Dorothee Soehlke-Lennert: „Yummy Mami".

Projektleitung: Friederike Krickel
Mitarbeit: Karsten Treber
Zusätzliche Nährwertberechnungen:
Astrid Büscher, Hamburg
Korrektorat: Hartmut Schönfuß, Berlin
Gestaltung, Art Direction, Layout: Axel Raidt, Berlin

Bildnachweis: Nicole Fortin, Berlin (14, 22, 25, 30, 39,
43, 135, 137, 146, 157); Knut Koops, Berlin (2, 9, 18, 21,
23, 24, 29, 35, 40, 45, 53, 64, 78, 80, 82, 85, 88, 91,
101, 104, 117, 133, 141, 142, 144, 145, 149, 150, 155);
Peter Schulte, Hamburg (2, 5, 10, 11, 13, 17, 26, 33, 36,
41, 47, 48, 51, 54, 55, 56, 57, 59, 60, 63, 66, 67, 68, 70,
71, 73, 76, 77, 81, 83, 84, 87, 92, 96, 97, 98, 103, 106,
109, 110, 113, 118, 122, 125, 126, 129, 130, 143, 152);
Philipp Horak, Wien (44, 95, 105, 156); Martina Meuth (74);
Gianni Plescia, Berlin (32, 114, 121, 138); Nicky Walsh,
Berlin (49, 96, 116); Ulrike Holsten, Hamburg (49, 96, 116);
Axel Raidt, Berlin (12, 58, 62, 76, 86, 90, 100, 119, 128);
fotolia (3, 34, 94, 112, 120, 123, 139, 140); iStock (7, 15,
42, 80, 153); thinkstock (28).

Produktion: Vera Göring
Verlagsherstellung: Rita Brosius (Ltg.), Susanne Beeh
Druck: Grafisches Centrum Cuno GmbH & Co. KG, Calbe

ISBN: 978-3-86851-076-8